MICHAEL COLLINS PIPER

LA NUOVA GERUSALEMME

IL POTERE SIONISTA IN AMERICA

Uno studio approfondito, meticoloso e pieno di fatti, sulla vasta gamma di ricchezza e potere accumulati dall'élite sionista negli Stati Uniti di oggi.

MICHAEL COLLINS PIPER

Michael Collins Piper è stato uno scrittore politico e conduttore radiofonico americano. È nato nel 1960 in Pennsylvania, USA. È stato un collaboratore regolare di The Spotlight e del suo successore, American Free Press, giornali sostenuti da Willis Carto. È morto nel 2015 a Coeur d'Alene, Idaho, USA.

La Nuova Gerusalemme - Il potere sionista in America

Uno studio approfondito, meticoloso e pieno di fatti, sulla vasta gamma di ricchezza e potere accumulati dall'élite sionista negli Stati Uniti di oggi.

The New Jerusalem – Zionist Power in America
*The first-ever in-depth, thoroughly documented,
fact-filled study of the vast array of wealth and
power accumulated by the Zionist elite
in the United States today*

Prima stampa negli Stati Uniti: giugno 2004 American Free Press

Tradotto e pubblicato da
Omnia Veritas Limited

OMNIA VERITAS®

www.omnia-veritas.com

© Omnia Veritas Ltd - 2025

Tutti i diritti riservati. Nessuna parte di questa pubblicazione può essere riprodotta, distribuita o trasmessa in qualsiasi forma o con qualsiasi mezzo, comprese fotocopie, registrazioni o altri mezzi elettronici o meccanici, senza il previo consenso scritto dell'editore, fatta eccezione per brevi citazioni in recensioni critiche e altri usi non commerciali consentiti dalla legge sul copyright.

PREFAZIONE 19
  ISRAELE O AMERICA? 19
INTRODUZIONE 22
  SEMITI E ANTISEMITI - IL CONFLITTO DEI SECOLI 22
LA "NUOVA ÉLITE" AMERICANA 30
  UNA PANORAMICA FRANCA E COMPRENSIVA SU QUESTO TEMA COSÌ DIFFICILE DA TRATTARE 30
CORRUZIONE ALL'AMERICANA 49
  ENRON - IL LEGAME SIONISTA POCO PUBBLICIZZATO (MA MOLTO IMPORTANTE) 49
IL CASO INSLAW: 55
  CONTROLLO SIONISTA DEI TRIBUNALI E DEL DIPARTIMENTO DI GIUSTIZIA DEGLI USA 55
LA BANDA BRONFMAN 65
  LA FAMIGLIA REALE DEGLI EBREI AMERICANI SAM E EDGAR BRONFMAN: PADRINI DI AL CAPONE E JOHN MCCAIN 65
DUE GIGANTI DEI MEDIA 77
  GLI IMPERI MEYER-GRAHAM E NEWHOUSE 77
    L'IMPERO MEYER-GRAHAM 78
    L'IMPERO NEWHOUSE 84
    GIORNALI NEWHOUSE : 88
LE FAMIGLIE EBRAICHE PIÙ RICCHE E POTENTI D'AMERICA .91
  COLORO CHE REGNANO SOVRANI 91
CHI C'È DIETRO TRUMP? 122
  LA STRANA STORIA DI THE DONALD 122
FATTI E CIFRE CHIARI E PRECISI: 127
  IL POTERE SIONISTA IN AMERICA OGGI - SECONDO FONTI EBRAICHE 127
    Una nota introduttiva 127
    I FINANZIERI EBREI HANNO TRATTO PROFITTO DA REAGAN .. 128
    UN MATRIMONIO DI CONVENIENZA 128
    FINANZIERI EBREI E OBBLIGAZIONI SPAZZATURA 129
    PRATICAMENTE TUTTI GLI SPECIALISTI DI ACQUISIZIONI 130
    BEDUINI IN AEREO 131
    CALIFORNIA, ECCO CHE ARRIVANO... 131
    I MEDIA: UN'INFLUENZA SPROPORZIONATA 131
    IL VERO POTERE DI HOLLYWOOD 132
    LA NUOVA INVASIONE DELL'IMMIGRAZIONE EBRAICA 132
    GLI ISRAELIANI TROVANO UNA NUOVA "TERRA DEL LATTE E DEL MIELE 133
    LA SILICON VALLEY: LA NUOVA TERRA PROMESSA 134
    FINANZA EBRAICA: "UN SAPORE INTERNAZIONALE 134
    ARTE: "UN FORTE SAPORE EBRAICO 134
    MIO FIGLIO, IL... 135
    ABITANTI DELLA CITTÀ 136

IL PIÙ ISTRUITO.. 137
GLI INSEGNANTI EBREI "SUPERANO" DI GRAN LUNGA I GENTILI
.... 137
UN QUARTO DEGLI AMERICANI PIÙ RICCHI E IL 30% DEI
MILIARDARI SONO EBREI... 138
GLI IMMOBILI, LA PRINCIPALE FONTE DI RICCHEZZA PER GLI
EBREI... 139
MILIARDARI IMMOBILIARI.. 140
GLI EBREI COSTITUISCONO OLTRE L'11% DELL'ÉLITE
AMERICANA... 141
GLI EBREI "HANNO CREATO LA COSIDDETTA MAFIA............... 142
VIOLENZA E SESSO IN TELEVISIONE SOTTO L'EGIDA DEGLI
EBREI... 142
IL RUOLO DOMINANTE DEGLI EBREI NELLA "NUOVA CULTURA
DI SINISTRA 143
IL MOVIMENTO DELLE DONNE 143
GLI EBREI DI WALL STREET "AGGIRANO I LIMITI DELLA LEGGE
.... 144
ACQUISTO DI SPORT PROFESSIONISTICO.. 144
IL POTERE DELLA STAMPA.. 145
IL POTERE DELLE PAROLE.. 145
IL PESO DEI MEDIA È SINONIMO DI INFLUENZA POLITICA 146
"MEGLIO" DELLA "MAGGIOR PARTE DEGLI ALTRI" GRUPPI ... 147
CHI DOMINA L'ÉLITE AMERICANA?.. 148
L'ÉLITE UNIVERSITARIA AMERICANA... 149
INSEGNANTI DI SCUOLA D'ÉLITE 150
INSEGNANTI EBREI MEGLIO PAGATI... 150
DECISIONE CHIAVE" NELL'INFORMAZIONE TELEVISIVA; QUASI
UN TERZO DELL'"ÉLITE DEI MEDIA". 150
INFLUENTI" NELLA "GESTIONE DELLE NOTIZIE TELEVISIVE". 151
LIBRI DI O SUGLI EBREI.. 151
EDITORIALISTI E COMMENTATORI PRO-ISRAELIANI 152
L'EFFETTO JOE LIEBERMAN: I SOLDI DEGLI EBREI "NASCOSTI
ALLA VISTA PUBBLICA... 158
IL SEGRETO DELLA RICCHEZZA EBRAICA... 159
IL GRUPPO ETNICO PIÙ RICCO 159
L'ÉLITE EBRAICA: CHI È CHI? 160
COSA CREDONO I LEADER EBREI.. 167
L'INFLUENZA POLITICA VA OLTRE I NUMERI 167
EBREI AL SENATO DEGLI STATI UNITI.. 168
CAMERA DEI RAPPRESENTANTI 168
QUASI IL DOPPIO DEL POTERE DI VOTO 169
GLI EBREI "AMPLIFICANO IL LORO POTERE DI VOTO............... 170

CONCENTRAZIONE DELLA POPOLAZIONE EBRAICA E PERCENTUALE DELL'ELETTORATO TOTALE............... 170
COMITATI D'AZIONE POLITICA EBRAICA (PAC) 171
IMMIGRATI ISRAELIANI E CRIMINALITÀ ORGANIZZATA........... 175
GLI EBREI E IL PARTITO COMUNISTA - USA 176
LE DONNE EBREE SUPERANO QUELLE NON EBREE 176
CLUB "SEGRETO" DI MILIARDARI EBREI 176
IL DOPPIO DEL TASSO DI LAVORO AUTONOMO 177
GLI EBREI DI WALL STREET 178
I "PADRONI" DI INTERNET? 179
SORELLE SOB EBRAICHE................ 179
UN ENORME EFFETTO A CATENA............... 179
GLI EBREI E LE NOTIZIE: "UNA COMUNITÀ UNITA"........... 180
DUE CASE, HA VIAGGIATO MOLTO, HA CENATO FUORI 181
PERSONE CHE POSSONO PERMETTERSI DI ACQUISTARE LIBRI 181
ACQUISTI DI LIBRI CON COPERTINA RIGIDA 182
TITOLI E INVESTIMENTI DETENUTI................. 182
NOMI EBRAICI NELLA CLASSIFICA FORBES 400 183
L'ELENCO DEGLI EBREI PRESENTI NELLA "FORBES 400" NEL 2004............... 183
L'AMERICA: IL PIÙ GRANDE TRIONFO.............. 190
LA CULTURA OCCIDENTALE È "IMPREGNATA DI GIUDAISMO 191

UN GIUDIZIO FINALE................192
IL POTERE EBRAICO IN AMERICA OGGI È PIÙ GRANDE DEL POTERE EBRAICO IN QUALSIASI PAESE IN QUALSIASI MOMENTO DELLA STORIA. 192
Filosofi sionisti moderni: "L'America è la nuova Gerusalemme........ 193

ALCUNE RIFLESSIONI...............204
L'ONDA DEL FUTURO... 204
BIBLIOGRAFIA DELLE FONTI 213
ALTRI TITOLI.................219

LA NUOVA GERUSALEMME

IL POTERE SIONISTA IN AMERICA

> "La grande questione che ha turbato l'umanità in ogni epoca, e che ha causato la maggior parte dei mali che hanno rovinato le città, spopolato i paesi e disturbato la pace del mondo, non è stata se ci sia il potere nel mondo, o da dove provenga, ma chi debba detenerlo."
>
> -JOHN LOCKE *Trattati sul governo*, I

THE HALF-PROMISED LAND.

Il 7 giugno 1922, la famosa rivista satirica londinese *Punch* pubblicò questa vignetta intitolata "La terra promessa a metà". La vignetta evoca il modo in cui Pinchas Rutenberg, un rivoluzionario ebreo antizarista di origine russa diventato fervente sionista e uomo d'affari, vedeva la Palestina, allora ancora in mano britannica e non ancora trasferita, come invece avvenne, al controllo ebraico. Per Rutenberg, la Palestina si rivelò una vera e propria terra di latte e miele, una base per quello che era essenzialmente il suo progetto di arricchirsi rapidamente fornendo elettricità alla Palestina, come dimostrano i "contratti elettrici" che teneva in mano, con la borsa da viaggio nell'altra, con la dicitura "Mr Rutenberg - dalla Russia alla Palestina". La Palestine Electric Corporation di Rutenberg (che in seguito divenne la Israel Electric Corporation) fu una delle prime aziende a stabilirsi con successo in Palestina. Sebbene Rutenberg e i suoi colleghi sognatori sionisti abbiano alla fine ottenuto uno Stato in Palestina, con la creazione ufficiale di Israele nel 1948, da allora è sorta una "nuova Gerusalemme" molto reale, saldamente nelle mani dei moderni "Rutenberg", che è niente meno che gli Stati Uniti d'America.

SULLA COPERTINA...

Questa è una riproduzione del dipinto di Robert Fleaux del 1851 che raffigura l'"Assalto al quartiere ebraico di Venezia", il cui originale si trova al Musée des Augustins di Tolosa. Il dipinto commemora la rivolta del XV secolo dei cittadini veneziani contro i mercanti e gli usurai ebrei che erano arrivati a dominare i loro affari commerciali e pubblici.

In effetti, eventi simili si sono verificati in tutta Europa quando i cittadini hanno scoperto che le loro rispettive economie - locali, provinciali e nazionali - erano finite nelle mani di pochi privilegiati.

Tali rivolte si verificarono in Europa fino al XX secolo. Alcuni ritengono che questa tragica storia abbia avuto un ruolo importante nell'indirizzare l'attenzione degli ebrei verso il nuovo continente americano, dove si erano radicati gli interessi geopolitici britannici, strettamente legati alle imprese globali della famiglia ebraica Rothschild.

Alla fine, l'America - dopo anni di tumulti, guerre e disordini sociali, in gran parte attribuibili a intrighi di alto livello che coinvolgevano i Rothschild e i loro agenti sul suolo americano - cominciò ad assumere un volto nettamente diverso, con una "nuova élite" che emergeva per regnare sovrana su un Paese ben altrimenti diviso al suo interno.

Le conseguenze di questo nuovo paradigma - e l'impatto che potrebbe avere sul futuro non solo degli Stati Uniti, ma del mondo intero - sono il tema de *La nuova Gerusalemme*.

Dedicazione

A Ruth Cramer Waters, la prima persona a dirmi che i sionisti avevano un potere immenso in America.

Al mio amico di sempre, il colonnello Dallas Texas Naylor, un patriota convinto la cui vita è stata troppo breve.

Agli oltre cento milioni di vittime del sionismo e del comunismo nel mondo.

Ai sopravvissuti (e alle vittime) musulmani e cristiani dell'Olocausto palestinese (la "Nakba").

A Nicola II, zar di Russia, primo martire del XX secolo, massacrato da assassini sionisti.

A John Fitzgerald Kennedy, giustiziato pubblicamente per aver cercato di fermare la folle corsa di Israele alla costruzione di armi nucleari di distruzione di massa.

A Sua Santità Papa Pio XII, la cui memoria è stata ritualmente infangata dalle forze dell'odio.

Lawrence Dennis, Charles Coughlin, Paquita DeShishmareff, Arnold Leese, Henry Ford, Charles Lindbergh, Ezra Pound - e molti altri - sono stati crocifissi per aver parlato.

A Eustace Mullins, l'intellettuale americano i cui studi mi hanno fatto conoscere trame che pochi avrebbero mai scritto.

A Ernst Zundel, Hans Schmidt, Fredrick Toben e Udo Walendy, quattro tra le migliaia di persone imprigionate per aver osato mettere in discussione le "interpretazioni" ufficiali della storia del XX secolo.

A Paul Christian Wolff, un caro amico, confidente e consigliere, la cui perspicacia e il cui umorismo non saranno mai eguagliati.

E a tutti i futuri leader - negli Stati Uniti e nel mondo - che faranno la loro parte negli aggiustamenti necessari per portare la vera libertà a tutti i popoli del nostro pianeta.

- MICHAEL COLLINS PIPER

IL PRIMO GRANDE FANATICO D'AMERICA: LEWIS CHARLES LEVIN, MEMBRO DEL CONGRESSO DEGLI STATI UNITI, FONDATORE EBREO DEL PARTITO DEL "NON SAPERE NULLA".

Il tema dell'"antisemitismo" e del "bigottismo" è molto discusso nei media tradizionali e nei libri di storia americani di oggi. Ma forse il segreto più grande è che uno dei primi e principali bigotti americani a guidare la lotta contro l'immigrazione negli Stati Uniti - in particolare quella cattolica irlandese - fu un importante ebreo americano, Lewis Charles Levin.

Sebbene la storia ci dica spesso che il cosiddetto movimento Know Nothing - il Partito dei Nativi Americani - era "guidato da protestanti" e "prendeva di mira cattolici ed ebrei", la verità è che Levin - un ebreo - non solo fu uno dei fondatori del partito, ma anche uno dei redattori del suo organo nazionale e uno dei primi membri del Know Nothing a essere eletto al Congresso

In effetti, Levin fu il primo ebreo eletto al Congresso degli Stati Uniti. Tuttavia, la letteratura ebraica odierna non menziona mai il ruolo di primo piano di Levin nell'agitazione anticattolica dei primi anni dell'America.

Levin nacque nel 1808 a Charleston, nella Carolina del Sud, che - come sanno gli studiosi della tratta degli schiavi africani - fu per molti anni il centro della popolazione ebraica degli Stati Uniti, molto prima che New York emergesse come tale. In seguito, come avvocato, si trasferì a Filadelfia, dove pubblicò e diresse il *Philadelphia Daily Sun*. Nel 1844 fu eletto al Congresso della Pennsylvania con il partito americano (o "Know Nothing") e rimase in carica per tre mandati, finché non fu sconfitto per la rielezione nel 1850. Levin morì dieci anni dopo, il 14 marzo 1860.

Il fatto che Levin sia stato uno dei primi agitatori anticattolici sul suolo americano è quantomeno interessante, anche perché, come abbiamo notato, i libri di storia sono stati attenti ad "alterare" la documentazione storica riguardo al ruolo di Levin nel movimento Know Nothing. E questo, naturalmente, fa sorgere la domanda: "Perché?". Nelle pagine de *La Nuova Gerusalemme* spiegheremo perché la carriera di Levin è stata relegata nel "buco della memoria" orwelliano e perché, invece, continuiamo a sentire che "protestanti" e "cattolici" erano così ostili ai "poveri immigrati ebrei in fuga dalle persecuzioni".

La storia di Levin è molto rivelatrice...

PREFAZIONE

Israele o America

Nel 1988, il professor Shalom Goldman, professore associato di studi ebraici e mediorientali presso l'Università di Emory, ha fatto l'interessante scoperta che un antenato poco conosciuto dei presidenti americani Bush era nientemeno che il professor George Bush che, nel 1830, scrisse *La vita di Maometto*, che risultò essere il primo testo di odio anti-musulmano mai pubblicato sul suolo americano.

Nel suo libro del 2004, *God's Sacred Tongue: Hebrew and the American Imagination* (The University of North Carolina Press), il professor Goldman, parlando di Bush, che visse dal 1796 al 1859, sostiene che la vita e l'opera di Bush sono importanti per tracciare le radici del "sionismo cristiano" in America. Bush era molto famoso e prolifico ai suoi tempi ed era un fervente sostenitore del ritorno degli ebrei in Terra Santa, e le sue dichiarazioni a questo proposito, dice Goldman, "ebbero una notevole influenza".

Ironicamente, nonostante il suo sostegno al sionismo, Bush non era un filosemita; al contrario, era piuttosto ostile al popolo ebraico, proprio come ai musulmani. Vedeva la filosofia ebraica come una minaccia per il cristianesimo e l'Occidente e riteneva che la creazione di uno Stato ebraico sarebbe stata possibile solo facendo appello a quelli che Bush definiva i "principi mondani ed egoistici della mente ebraica".

Naturalmente, oggi esiste uno Stato ebraico noto come Israele e i discendenti di Bush si sono dimostrati degni difensori di questa nazione, con entrambi i presidenti Bush che hanno lanciato guerre devastanti in suo favore. Il secondo presidente Bush, almeno, sembra condividere il particolare amore-odio del suo lontano antenato per gli ebrei, in virtù del suo marchio di dispensazionalismo cristiano, che pone Israele al centro, in attesa dei cosiddetti "ultimi giorni", quando (secondo l'insegnamento) solo un residuo di ebrei sopravviverà e diventerà seguace di Cristo.

Tuttavia, il professor Bush non era l'unico filosofo a prevedere il ritorno degli ebrei a Sion. Altri vedevano gli Stati Uniti d'America come la nuova Gerusalemme - almeno temporaneamente - e consideravano il suolo americano come un luogo di raccolta per gli ebrei per prepararsi al loro eventuale ritorno in Palestina, che avrebbe dovuto essere la terra dei loro antenati. Sebbene oggi - all'insaputa di molti - molti rinomati antropologi e archeologi, nonché accademici ebrei e cristiani e studiosi di alta critica, tra gli altri, nutrano seri dubbi sul cosiddetto "diritto torico" del popolo ebraico alla Palestina, la leggenda di un ritorno in Terra Santa ha avuto una grande influenza nei primi tempi dell'America, fino ai giorni nostri.

(Per coloro che osano esaminare questa controversia sul mito della rivendicazione storica ebraica della Palestina, un buon punto di partenza è il libro del professor Thomas L. Thompson del 1999, *The Mythic Past: Biblical Archeology and the Myth of Israel* (Basic Books). Analogamente, l'autore ebreo Daniel Lazare ha pubblicato un articolo intitolato "False Testament" nel numero di marzo 2002 di *Harper's*. L'articolo è disponibile su Internet all'indirizzo findarticles.com). Tuttavia, se andiamo avanti nel XXI secolo - molto tempo dopo che il professor Bush ha ricevuto il suo premio - scopriamo che, sebbene lo Stato di Israele esista - a malapena, e lacerato da grandi divisioni interne - la posizione della comunità sionista sul suolo americano è ineguagliata da qualsiasi altro gruppo etnico, comprese le ex famiglie cosiddette "WASP" di grande potere e fama.

Sebbene i sionisti americani insistano affinché gli Stati Uniti continuino a sostenere lo Stato di Israele con miliardi di dollari di welfare, per non parlare degli aiuti militari e di altre forme di supporto, questi stessi sionisti non sembrano avere alcuna intenzione di farne la loro casa. No, anzi, sono abbastanza felici qui in America, e se la godono immensamente.

Come vedremo, l'élite sionista americana ha ottenuto molti risultati e, sebbene molti sappiano che la cosiddetta "lobby di Israele" è potente a Washington, la maggior parte di loro non capisce esattamente perché questa lobby sia così potente. La ragione è molto semplice: per tutto il clamore e la retorica sul "piccolo Israele" e sul suo posto sacro nel cuore del popolo ebraico, il fatto è che gli Stati Uniti sono diventati il centro del potere sionista nel mondo di oggi.

Coloro che regnano sovrani, grazie alla forza del loro potere finanziario, combinato con il controllo del monopolio dei media, hanno fatto degli Stati Uniti il meccanismo per creare un impero globale, il nuovo ordine mondiale che abbiamo sognato a lungo.

In una prospettiva più ampia, lo Stato di Israele non è altro che il simbolo di un sogno secolare che, di fatto, si è realizzato proprio qui in America: la nuova Gerusalemme.

-MICHAEL COLLINS PIPER

Introduzione

Semiti e antisemiti - L'antico conflitto

Sebbene gran parte del contenuto di questo libro sia tratto da libri di autori ebrei che citano e addirittura si vantano della ricchezza e del potere ebraico, l'Anti-Defamation League (ADL) del B'nai B'rith lo descriverà senza dubbio come "antisemita", se solo oserà menzionarlo.

Chiariamo subito che il nostro obiettivo non è quello di affermare che gli ebrei d'America non meritino l'enorme ricchezza senza precedenti e il conseguente potere che hanno accumulato (e che sono documentati in questo libro).

L'esistenza di una considerevole ricchezza e potere ebraico non è in discussione. Ciò che è in discussione è il modo in cui la comunità ebraica ha esercitato la sua ricchezza e il suo potere - in collaborazione con uno zoccolo duro di alleati cristiani fondamentalisti - in particolare nell'ambito dell'influenza della politica statunitense verso Israele e il mondo arabo.

La verità è che due delle grandi tragedie del nostro nuovo secolo - l'attacco terroristico dell'11 settembre, che ha provocato la morte di 3.000 americani, e l'inutile e disastrosa invasione statunitense dell'Iraq, che ha provocato la perdita di innumerevoli vite umane e un numero dieci volte superiore di massacri e mutilazioni - sono entrambe una diretta conseguenza della politica statunitense in Medio Oriente. Questa politica è stata dettata dalla "lobby ebraica" a Washington e attivamente incoraggiata dal monopolio dei media statunitensi che, a tutti gli effetti, è in gran parte di proprietà di una manciata di famiglie e interessi finanziari che sono sostenitori ebrei di Israele.

Quante altre tragedie di questo tipo si verificheranno perché gli ebrei americani hanno accumulato tanto potere e lo hanno usato per influenzare la politica americana in modo così campanilistico, costringendo funzionari eletti e funzionari pubblici americani ad attuare politiche che, il più delle volte, sono contrarie agli interessi dell'America? Quante altre persone innocenti dovranno morire? Per quanto tempo ancora un gruppo di interesse influente continuerà a dominare la politica estera degli Stati Uniti

Queste domande molto serie dimostrano da sole perché uno studio della ricchezza e del potere conquistati dall'élite ebraica in America è del tutto accettabile e logico come parte di un dibattito pubblico, nonostante ciò che i demonizzatori ben finanziati e spesso isterici dell'ADL potrebbero dire al contrario.

A dire il vero, l'influenza ebraica non si limita alla politica estera. L'influenza delle organizzazioni ebraiche nella definizione della moderna (e più disastrosa) politica americana sull'immigrazione è stata fondamentale.

Lo stesso vale per l'influenza ebraica su questioni come la separazione tra Stato e Chiesa e l'istituzione di misure di "controllo del pensiero" che impattano sulle libertà del Primo Emendamento. La gamma di questioni è infinita.

Tuttavia, chi solleva questioni sull'influenza ebraica viene ovviamente accusato di "antisemitismo", il che è sempre dannoso.

E - almeno in passato - coloro che si sono visti affibbiare questa brutta etichetta hanno dovuto affrontare le forme più evidenti di censura e di riprovazione pubblica, per non parlare delle sanzioni economiche e, in più di un'occasione, degli atti di terrorismo, questi ultimi non sorprendenti se si considera che il terrorismo moderno trae origine dalle attività delle cosiddette organizzazioni di "difesa" ebraiche che cacciarono gli inglesi dalla Palestina prima della creazione di Israele nel 1948.

Tuttavia, negli ultimi anni, se si deve credere a gruppi come l'ADL, l'antisemitismo sta crescendo a passi da gigante. Negli ultimi anni, decine di libri e migliaia di articoli di riviste hanno sollevato lo spettro di un "nuovo antisemitismo".

Persino l'autorevole Webster's Dictionary ha ampliato la definizione di antisemitismo includendo "opposizione al sionismo" e " simpatia per gli oppositori di Israele", due categorie che probabilmente comprendono miliardi di persone in tutto il mondo.

A questo proposito, forse non sorprende che qualche anno fa, anche prima della cosiddetta "recrudescenza" del "nuovo antisemitismo", la canzone più popolare in Israele fosse "The Whole World Is Against Us", che riflette uno stato d'animo a dir poco rivelatore.

Il fatto è che il tema dell'"antisemitismo", da cui l'ADL ha tratto grande profitto, è diventato così stanco e logoro che ora sembra - se si deve credere all'ADL - che praticamente tutti siano antisemiti (o almeno potenzialmente tali)

La storia dimostra che un'ampia gamma di persone è stata accusata dall'ADL - o da analoghi "fomentatori di odio" come il Centro Simon Wiesenthal - di essere "antisemita" e/o di non essere sufficientemente favorevole alle rivendicazioni del popolo ebraico e, in tempi più moderni, dello Stato di Israele. E non stiamo parlando di Adolf Hitler! L'elenco delle persone accusate di "antisemitismo" è davvero impressionante e costituisce praticamente un catalogo di alcune delle figure più rispettate delle rispettive epoche. L'elenco non è assolutamente esaustivo, ma è rappresentativo.

Innanzitutto, negli ultimi anni c'è una lunga lista di ex funzionari pubblici - sia liberali che conservatori - che sono stati etichettati come "antisemiti", accusati di aver fatto commenti "antisemiti" o accusati di ostilità verso il "piccolo Israele". Tra gli imputati figurano nomi di spicco come :

- Il presidente Richard Nixon
- Il presidente John F. Kennedy
- Il presidente Jimmy Carter
- Il presidente George H. W. Bush
- Presidente Gerald Ford
- Il presidente Harry Truman
- Il senatore Robert F. Kennedy (D-N.Y.)
- Il senatore J. William Fulbright (D-Ark.)
- Senatore Charles Percy (R-Ill.)
- Senatore Jim Abourezk (D-S.D.)
- Senatore Adlai Stevenson (D-Ill.)
- Il senatore Ernest F. Hollings (D-S.C.)
- Rep. Paul Findley (R-Ill.)
- Rappresentante. Pete McCloskey (R-Calif.)
- Ed Zshau (R-Calif.)
- Mary Rose Oakar (D-Ohio)
- Rappresentante Mervin Dymally (D-Calif.)
- Rappresentante Gus Savage (D-Ill.)

- Rep. John R. Rarick (D-La.)
- Rep. Jim Traficant (D-Ohio)
- Bill Scranton, ambasciatore delle Nazioni Unite
- Governatore John B. Connally (D-Texas)
- Segretario alla Difesa Caspar Weinberger
- Rappresentante Steve Stockman (R-Texas)
- Rappresentante Earl Hilliard (D-Ala.)
- Ambasciatore delle Nazioni Unite Andrew Young
- Il Segretario alla Difesa James Forrestall
- Segretario di Stato James Baker

Almeno tre membri attuali del Congresso (dalle elezioni del 2004) sono stati accusati di "antisemitismo" in un momento o nell'altro:

- Rappresentante. Fortney "Pete" Stark (D-Calif.)
- Rappresentante Cynthia McKinney (D-Ga.)
- Senatrice Hillary Rodham Clinton (D-N.Y.)

Sì, anche Hillary! E ricordate che durante la campagna presidenziale del 2004, l'ex governatore del Vermont, Howard Dean, la cui moglie è ebrea, fu sospettato di non essere molto fedele agli interessi di Israele.

Di conseguenza, Dean ha visto la sua combattuta campagna presidenziale sabotata nei caucus dell'Iowa da - secondo il quotidiano ebraico *Forward* - *una* grande affluenza di elettori ebrei a favore del senatore John Kerry (D-Mass.), la cui campagna stava fino a quel momento perdendo slancio.

L'élite ebraica semplicemente non poteva accettare l'idea che un politico anticonformista come Dean - che si è opposto alla guerra in Iraq sostenuta dalle principali organizzazioni ebraiche americane (e da Israele) - potesse essere a portata di mano per vincere la nomination presidenziale del Partito Democratico.

Da qui il passaggio a Kerry che, come ora sappiamo, è anch'egli di origine ebraica.

In passato, oltre ai politici, alcune note figure militari americane sono state accusate di essere "antisemite" o ostili allo Stato di Israele. Tra queste figurano le seguenti figure:

- Il generale George Patton

- Il generale George C. Marshall

- Generale George Stratemeyer

- Generale Albert Wedemeyer

- Generale George V. Strong (capo dell'intelligence militare - 1942-45)

- Maggiore generale George Moseley (vice capo di stato maggiore dell'esercito statunitense)

- Col. Sherman Miles (capo dell'intelligence militare)

- Generale George Brown (Presidente degli Stati Maggiori Riuniti)

- Amm. Thomas Moorer (presidente degli Stati maggiori riuniti)

- Generale Pedro Del Valle (Marines USA)

Negli ultimi anni, diversi artisti, letterati, commentatori e altri - tra cui almeno un rabbino e un giornalista ebrei - sono stati accusati di "antisemitismo" o di ostilità verso Israele, in una forma o nell'altra. Tra questi vi sono:

- Mel Gibson
- Marlon Brando
- Michael Jackson
- Steve Carlton
- Gore Vidal
- Robert Mitchum
- Mark Lane
- Alfred Lilienthal
- Rabbino Elmer Berger
- Billy Graham
- Mike Wallace ("Sessanta minuti")
- Peter Jennings ("ABC News")

Anche diversi leader neri sono stati accusati (o sospettati) di essere "antisemiti". Tra questi vi sono:

- Martin Luther King
- Reverendo Jesse Jackson
- Il ministro Louis Farrakhan
- Malcolm X

Va notato che il 28 aprile 1993 il *San Francisco Weekly* ha riportato che un ex funzionario dell'ADL, Henry Schwarzschild, ha rivelato che King era una delle persone regolarmente monitorate dall'ADL, che poi consegnava i risultati del suo lavoro all'FBI.

Infatti, mentre l'FBI spiava il reverendo King, l'ADL faceva lo stesso, considerando King un "elettrone libero", secondo Schwarzschild. Quindi anche uno stimato leader afroamericano dei diritti civili non era immune dai sospetti dell'ADL

La verità è che chiunque - ripeto chiunque - abbia un punto di vista sostanziale su qualsiasi argomento e scelga di esprimerlo in un forum pubblico è considerato sotto sorveglianza dall'ADL, che agisce come "polizia del pensiero" non ufficiale dell'élite sionista americana.

L'elenco dei leader mondiali non americani che sono stati accusati di antisemitismo (secondo la definizione di Webster) sarebbe un po' lungo, anche se l'ex Primo Ministro della Malesia, Mahathir Muhammed, famoso in tutto il mondo, è probabilmente uno dei più noti tra coloro che sono stati vittime di questa campagna diffamatoria. Ed è solo uno dei nomi rispettati che sono stati recentemente oggetto di questa accusa.

Vale la pena citare l'elenco delle personalità del passato accusate di "antisemitismo". L'elenco comprende scrittori, filosofi, artisti, compositori e inventori come... :

- Walt Disney
- Thomas Edison
- Charles A. Lindbergh
- Henry Ford
- H. L. Mencken
- Theodore Dreiser
- Nathaniel Hawthorne
- Ernest Hemingway
- Lord Byron
- Thomas Carlyle
- Henry James
- Henry Adams
- T. S. Eliot
- George Eliot
- Washington Irving
- Truman Capote
- Carl Jung
- F. Scott Fitzgerald

- Jack Kerouac
- Rudyard Kipling
- D. H. Lawrence
- James Russell Lowell
- Henry Miller
- C. Northcote Parkinson
- Ezra Pound
- George Bernard Shaw
- Richard Wagner
- Robert Louis Stevenson
- Percy Shelley
- H. G. Wells
- Franz Liszt
- Somerset Maugham
- Eugène O'Neill
- Sir Walter Scott
- George Sand
- Johannes Brahms
- William Faulkner
- George Orwell

L'elenco continua...

Quindi, la prossima volta che sentirete qualcuno accusato di essere "antisemita" (o qualcosa del genere), la persona accusata è in realtà in buona compagnia. Non sono solo quei pazzi "neonazisti" in strane uniformi a essere accusati di non essere molto amichevoli con i sionisti. Lo hanno detto anche di Walt Disney

E come abbiamo già visto, l'élite ebraica americana non ha molto di cui vantarsi in fatto di bigottismo, come dimostra la storia poco nota del primo membro ebreo del Congresso degli Stati Uniti, Lewis Levin, che abbiamo incontrato nelle pagine iniziali di questo volume. Nella sua lotta per tenere i cattolici irlandesi fuori dagli Stati Uniti, Lewis Levin fu il vero pioniere del bigottismo in America.

La prossima volta che il vostro vicino ebreo si lamenterà dell'"antisemitismo", potrete parlargli di Levin.

In realtà, non sono stati solo "i poveri ebrei perseguitati" a soffrire, anche se a volte si potrebbe pensare il contrario, se si fa riferimento a ciò che si sente nei media, che spesso proclamano che la sofferenza ebraica è "unica". In realtà, le élite ebraiche hanno contribuito alla sofferenza di altri. L'esercizio del loro potere e della loro influenza non è sempre stato benefico.

Comunque, detto questo, diamo un'occhiata ad alcuni fatti freddi e duri su coloro che regnano sovrani nell'America di oggi.

Come vedremo, non c'è dubbio che i "poveri ebrei perseguitati" se la siano cavata piuttosto bene in America, motivo per cui non è esagerato chiamare l'America... La nuova Gerusalemme.

La "nuova élite" americana

Una panoramica franca e comprensiva su questo tema così difficile da trattare

Il 29 agosto 1897, il primo Congresso sionista, riunito a Basilea, in Svizzera, approvò una risoluzione che recitava semplicemente: Lo scopo del sionismo è quello di creare per il popolo ebraico una casa in Palestina...

Gran parte del mondo guardò con favore alla teoria alla base di questa risoluzione, compresi (e forse soprattutto) gli elementi antiebraici in Europa e altrove che vedevano nell'espulsione del popolo ebraico dai rispettivi confini nazionali una soluzione a quell'annoso problema spesso gentilmente indicato nella letteratura come "la questione ebraica". Per molto tempo si è dimenticato - o addirittura soppresso - che tra i più virulenti sostenitori della creazione di uno Stato ebraico c'erano coloro che sono stati definiti "antisemiti".

Alla fine, nel 1948, in Palestina nacque un nuovo Stato sionista, noto come "Israele", ma - come oggi sappiamo fin troppo bene - le circostanze della nascita di questa nazione portarono a generazioni di tragedie e conflitti nella regione, problemi che oggi, al momento in cui scriviamo, hanno letteralmente messo il mondo intero sull'orlo di una conflagrazione nucleare.

Eppure, nonostante la fondazione dello Stato sionista, i sionisti americani si aggrappano con tutto il cuore all'America, piuttosto che reinsediarsi nello Stato di Israele e realizzare il sogno sionista. In realtà, come dimostrano gli archivi, e questo è l'argomento di questo volume, l'America è diventata la nuova Gerusalemme, il centro della ricchezza e del potere sionista. Lo Stato di Israele è solo una distrazione, una piccola entità geografica che può sopravvivere o meno. In quanto tale, ora vediamo un nuovo focus nella prospettiva sionista. In breve, il sionismo governa l'America e l'America, sotto l'egida del sionismo di (o almeno così sembra), cerca di governare il mondo.

Chiaramente, quando si tratta di una tesi "controversa" come questa, è meglio citare fonti considerate "rispettabili" e "responsabili". Quindi, quando si affronta il tema molto scomodo del potere sionista in America e delle sue conseguenze, sembra più appropriato andare direttamente alla fonte: uno dei giornali più rispettati di Israele.

Il 20 agosto 2004, il quotidiano israeliano *Ha'aretz* ha pubblicato un notevole commento di Avi Beker intitolato "L'età dell'oro dell'ebraismo americano". Beker guardava al tanto pubblicizzato 350° anniversario della fondazione della comunità ebraica in America, che si terrà il prossimo settembre. Il giornale israeliano ha osservato che lo storico Paul Johnson, descritto come "noto per la sua simpatia per Israele", ha suggerito che "la storia dell'espansione e del rafforzamento dell'ebraismo americano nel XX secolo non è meno importante della creazione dello Stato di Israele, anzi lo è ancora di più".

Sebbene la creazione di Israele abbia dato al popolo ebraico una patria sovrana, *Ha'aretz* afferma che Johnson ritiene che l'America occupi un posto speciale nella storia ebraica: "L'ebraismo americano", afferma il giornale israeliano, "ha raggiunto uno status senza precedenti per il potere che ha acquisito di plasmare la politica della prima potenza mondiale".

Ha'aretz scrive: "Non ci sono precedenti di una così profonda integrazione in tutti i settori della vita, e di una così grande influenza politica, come quella dell'ebraismo americano.... È ormai chiaro che i 350 anni di esilio ebraico in America segnano un'età dell'oro mai conosciuta prima nella storia ebraica".[1]

Ed ecco qui... le pagine di uno dei più influenti giornali israeliani. Questi non sono gli "sproloqui" di un "folle antisemita". Questo è un giornale ebraico , pubblicato in Israele, che saluta l'ascesa della comunità ebraica in America.

Che cos'è esattamente questa straordinaria influenza ebraica? Quanto è potente la comunità ebraica nella vita americana? Come dicono alcuni,

---

[1] Citazioni da *Ha'aretz*, 20 agosto 2004. Articolo di Avi Beker.

"gli ebrei controllano l'America"? In questo volume presentiamo un'ampia varietà di documenti - in gran parte provenienti da fonti ebraiche - che forniranno ai lettori le informazioni necessarie per giudicare da soli.

Nel 1937, l'informatore Ferdinand Lundberg fece scalpore con un libro intitolato *America's Sixty Families*. Il suo libro fu il primo studio approfondito della crescente accumulazione di vaste ricchezze e influenza da parte di un piccolo gruppo di americani - molti dei quali erano famiglie sposate o legate al mondo degli affari - che erano arrivati a dominare la repubblica americana.

Lundberg apre questo volume con un'affermazione che, pur essendo del tutto vera, apre gli occhi dei lettori americani su una realtà che forse pochi di loro avevano riconosciuto:

Oggi gli Stati Uniti sono posseduti e dominati da una gerarchia composta dalle sessanta famiglie più ricche, sostenute da non più di novanta famiglie meno ricche.

Al di fuori di questa cerchia plutocratica, ci sono forse altre trecentocinquanta famiglie, meno definite in termini di sviluppo e ricchezza, ma che rappresentano la maggior parte del reddito di 100.000 dollari o più che non spetta ai membri della cerchia ristretta.

Queste famiglie sono il centro vivo della moderna oligarchia industriale che domina gli Stati Uniti, operando discretamente sotto una forma di governo democratica de *jure*, dietro la quale un governo de *facto*, dalle linee assolutiste e plutocratiche, ha preso gradualmente forma a partire dalla Guerra Civile.

Questo governo de facto è in realtà il governo degli Stati Uniti - informale, invisibile, oscuro. È il governo del denaro in una democrazia del dollaro.

Sotto le loro avide dita e in loro possesso, le sessanta famiglie detengono la nazione più ricca mai creata nell'officina della storia...

I grandi proprietari terrieri americani di oggi superano storicamente la fiera aristocrazia che circondava Luigi XIV, lo zar Nicola, l'imperatore

Guglielmo e l'imperatore Francesco Giuseppe, ed esercitano un potere di gran lunga superiore.[2]

All'epoca in cui Lundberg scriveva, tra le "sessanta famiglie" elencate esisteva un solido nucleo di ricchezza ebraica. Delle 60 famiglie classificate da Lundberg in termini di ricchezza, i Guggenheim, famosi per la fusione del rame, si classificarono al 13° posto, seguiti da vicino dalle seguenti famiglie di banchieri: i Lehman al 18°, i Warburg al 26°, Mortimer Schiff al 44°, George Blumenthal di Lazard Freres al 48°, il magnate dei grandi magazzini Michael Friedsam al 50°, seguito da Julius Rosenwald di Sears & Roebuck al 58°. Il banchiere, profittatore di guerra e "faccendiere" politico dietro le quinte Bernard M. Baruch si è piazzato al 59° posto, riuscendo per poco a entrare nelle "Sessanta famiglie d'America", come lo ha soprannominato Lundberg.[3]

I tempi sono cambiati, tuttavia, e la ricchezza e l'influenza degli ebrei sono cresciute, ma sono rimaste un argomento non detto, allora come oggi.

Il libro di Lundberg rimane un prezioso lavoro di ricerca per gli studenti di storia americana. Ma attenzione: Lundberg era comprensibilmente, e possiamo capire perché, piuttosto incline a minimizzare il ruolo significativo che gli interessi ebraici giocavano all'interno della plutocrazia americana e il suo dominio sugli affari politici, economici e sociali americani. Tuttavia, il suo lavoro è stato un punto di riferimento, a prescindere dai suoi difetti.

Nel 1968, Lundberg tornò con il seguito di *America's Sixty Families*. Questo nuovo volume, intitolato *The Rich and the Super-Rich (I ricchi e i super-ricchi)*, offre una panoramica della situazione attuale nel mondo segreto dei super-ricchi. In *The Rich and the Super-Rich*, Lundberg fornisce una valutazione piuttosto interessante della situazione:

---

[2] Ferdinand Lundberg. *The Sixty Families of America* (New York: edizione Halcyon House, 1939), pp. 3-4.

[3] *Ibidem*, pp. 26-27.

La maggior parte degli americani - cittadini del Paese più ricco, potente e idealista del mondo - non possiede, in larga misura, altro che i propri beni domestici, qualche gadget scintillante come automobili e televisori (di solito acquistati a rate, spesso di seconda mano) e i vestiti che indossa. Un'orda, se non la maggioranza, di americani vive in baracche, baraccopoli, ruderi vittoriani di seconda mano, palazzine sgangherate e condomini malandati. .... Allo stesso tempo, una manciata di americani è dotata di mezzi stravaganti, come i principi dei racconti delle Mille e una notte.[4]

Sebbene Lundberg avesse ragione nella sua valutazione complessiva, si sbagliava su un punto essenziale: l'élite di oggi: sono principi, ma non sono arabi.

I media americani parlano della ricchezza degli sceicchi arabi e delle ricchezze petrolifere del Medio Oriente, ma la ricchezza accumulata dalla comunità ebraica americana - e l'influenza politica che esercita in ogni grande città (e certamente anche nelle piccole città e nei villaggi americani) - supera quella di questi principi arabi.

La "nuova élite" dell'America di oggi è indubbiamente costituita dalle ricche e potenti famiglie ebraiche che, a differenza dei Rockefeller, dei Morgan, dei Roosevelt, dei Kennedy, dei Vanderbilt e di altri "principi" delle epoche precedenti, hanno un profilo pubblico notevolmente inferiore rispetto all'élite pagana del passato.

Sebbene si ammetta, in una certa misura, l'esistenza di una potente "lobby israeliana" nella Washington ufficiale, talvolta chiamata anche "lobby ebraica" dalle persone meno caute, l'immagine pubblica di questa lobby è quella di una lobby dedita esclusivamente agli interessi dello Stato di Israele.

I giornali ebraici discutono liberamente la questione dell'influenza della comunità ebraica e del suo impatto sulla politica estera degli Stati Uniti, ma anche i cosiddetti giornali e riviste "mainstream" talvolta affrontano l'argomento.

---

[4] Ferdinand Lundberg. *The Rich and the Super-Rich* (New York: Lyle Stuart, 1968), pag. 1.

"Sì", dicono, "la lobby di Israele è potente, ma è solo una lobby tra le tante, come la lobby delle armi o l'Associazione americana dei pensionati".

Gli ebrei americani hanno lo stesso diritto di fare lobby per Israele come i greco-americani e gli arabo-americani hanno quello di fare lobby per le cause attorno alle quali si riuniscono le loro comunità". Molto è stato scritto sul potere della lobby di Israele, e negare la sua influenza è una sfrenata correttezza politica.

Ciò di cui pochi americani sono consapevoli, tuttavia, e che la comunità ebraica preferirebbe tenere segreto, è il crescente peso finanziario, culturale e sociale della comunità ebraica americana. Sebbene ci siano certamente molti ebrei poveri, la verità è che gli ebrei americani stanno emergendo - se non si sono già guadagnati il titolo - come contendenti al titolo di "élite d'America", nessuno escluso. Sono la "nuova élite americana".

Gli ebrei americani sono gli equivalenti moderni dei principi dei racconti delle Mille e una notte. Sebbene i "principi" (e le "principesse") ebrei non costituiscano *di per sé* la maggioranza dei miliardari o dei super-ricchi della famosa "*Forbes* 400", la loro ricchezza combinata rivaleggia (e molto probabilmente supera) quella dell'élite non ebraica.

In realtà, le élite ebraiche sono vincolate dalla loro devozione agli interessi ebraici, come confermano spesso le fonti citate in queste pagine.

È difficile misurare la ricchezza o l'"influenza" (qualunque cosa sia), ma i fatti raccolti in queste pagine dimostrano, senza ombra di dubbio, che l'élite ebraica americana - la nuova élite americana - possiede una ricchezza e un'influenza che supera di gran lunga i suoi numeri, in molti, molti modi.

Il riconoscimento del potere ebraico - o, osiamo dire, il "rifiuto" del potere ebraico - è un affare bipartisan. Molti noti funzionari eletti americani e altri responsabili politici sono stati sentiti fare commenti franchi sul potere ebraico:

James Baker, Segretario di Stato del Presidente George Bush, avrebbe detto a un collega durante una discussione riservata: "Non ce ne frega niente degli ebrei. Tanto non votano per noi". Queste parole sono state pubblicate su come titolo di un giornale israeliano, che lo ha prevedibilmente dipinto come un antisemita. Ma Baker stava involontariamente facendo eco ad altri. Durante il dibattito sull'AWACS, Gerald Ford fu avvicinato dalla Casa Bianca di Reagan. In una conversazione telefonica con un senatore repubblicano che era stato scoperto (a una cena con leader ebrei, ma Ford non lo sapeva), l'ex presidente chiese: "Lasceremo che questi fottuti ebrei gestiscano la politica estera americana? A sua volta, Ford fece eco al Presidente Carter, che nella primavera del 1980 aveva detto ad alcuni dei suoi più stretti collaboratori: "Se tornerò, manderò a fanculo gli ebrei".[5]

Alla luce dell'osservazione di Carter, non sorprende che William Rubenstein, sociologo filo-sionista di destra, abbia riferito che "una fonte altamente qualificata" gli ha detto che "il 75%" dei "leader delle organizzazioni sioniste americane... ha sostenuto Reagan rispetto a Carter".[6]

Nella stessa ottica, dato che i democratici liberali e i repubblicani conservatori hanno talvolta trovato un terreno comune nel sollevare questioni sul potere ebraico, potremmo ricordare anche il commento del famoso scrittore H. G. Wells, che osservava: "C'è spazio per una ricerca molto seria sulla questione del perché l'antisemitismo emerge in ogni paese in cui risiedono gli ebrei". Wells, che osservava: "C'è spazio per una ricerca molto seria sul perché l'antisemitismo emerga in ogni Paese in cui risiedono gli ebrei": "C'è spazio per una ricerca molto seria sul perché l'antisemitismo emerga in ogni Paese in cui risiedono gli ebrei.[7]

Nel frattempo, i media americani mainstream, che come vedremo - secondo fonti ebraiche - sono largamente dominati dagli ebrei, si sono concentrati sul "denaro asiatico" nelle elezioni statunitensi. Questo è diventato un vero e proprio "scandalo" e una fonte di guadagno per i

---

[5] Geoffrey Wheatcroft. *The Zion Controversy: Jewish Nationalism, the Jewish State, and the Unresolved Jewish Dilemma.* (Reading, Massachusetts: Addison-Wesley Publishing Company, 1996), p. 299.

[6] *The Left, the Right and the Jews* di Rubenstein, citato in Lenni Brenner. *Jews in America Today* (Seacaucus, New Jersey: Lyle Stuart, 1986), p. 128.

[7] Citato in Wheatcroft, pp. 340-341.

media. Vecchi stereotipi anti-asiatici, del tipo di quelli che erano popolari durante la guerra degli Stati Uniti contro il Giappone, stanno di nuovo entrando liberamente in gioco.

Nonostante ciò, gruppi autoproclamatisi "anti-odio" come la Anti-Defamation League (ADL) hanno avuto poco da dire in merito. Forse proprio perché all'ADL piace che l'attenzione si concentri sui "soldi asiatici".

E c'è una ragione per questo: Gli asiatici americani (sia nativi che naturalizzati) stanno dicendo tranquillamente (ma i media non lo riportano) che il vero scandalo del "denaro straniero" non riguarda il denaro asiatico, ma la pesante influenza del denaro della comunità ebraica americana ossessionata da Israele e degli ebrei americani che vivono in Israele (per non parlare degli israeliani stessi) che vogliono influenzare la politica estera degli Stati Uniti verso Israele.

Nel numero del 29 gennaio 1996 della rivista *New York*, lo scrittore Philip Weiss - che proclama a gran voce le sue origini ebraiche - sottolinea che la discussione sul ruolo del denaro ebraico in politica è considerata politicamente scorretta. Weiss ha detto senza mezzi termini: "Quando l'NRA esercita il potere politico, è un argomento scottante. Quando il denaro ebraico gioca un ruolo, parlarne è antisemita".[8]

Non c'è dubbio: si tratta di un vero e proprio potere politico. Il denaro e il potere ebraico esercitano un'influenza molto reale sulla vita americana.

Ma come vedremo, l'influenza ebraica in America va ben oltre quella che viene generalmente definita "lobby di Israele" o "lobby ebraica" (quando si parla dell'impatto del denaro e delle lobby ebraiche sulla politica estera degli Stati Uniti). L'influenza ebraica è molto più grande ed è il segreto politico più esplosivo negli affari politici e culturali americani di oggi.

Le possibili conseguenze di questo immenso potere ebraico in America sono state affrontate di petto dallo storico ebreo Benjamin Ginsberg nel

---

[8] *New York* Magazine, 29 gennaio 1996.

suo notevole libro *The Fatal Embrace: Jews and the State*, in cui Ginsberg affronta la questione:

"Com'è possibile che in così tanti momenti e luoghi diversi gli ebrei abbiano acquisito uno status, una ricchezza e un potere considerevoli, per poi essere respinti, cacciati o peggio?[9]

Ginsberg spiega che le sue ricerche lo hanno convinto che la famosa filosofa e scrittrice ebrea Hannah Arendt aveva ragione ad affermare che la storica e ripetuta ascesa e caduta del popolo ebraico poteva essere meglio compresa esaminando il tradizionale rapporto tra gli ebrei e gli Stati-nazione in cui vivevano. Secondo Ginsberg: gli ebrei hanno spesso cercato la protezione dello Stato. Per i loro scopi, i governanti erano spesso felici di accogliere gli ebrei in cambio dei servizi che potevano fornire.

Il rapporto tra ebrei e Stati ha avuto conseguenze importanti e ha contribuito a costruire o a rafforzare alcuni degli Stati più importanti del mondo moderno.

Inoltre, questo rapporto ha talvolta permesso agli ebrei di acquisire un grande potere. Tuttavia, il loro rapporto con lo Stato ha anche esposto gli ebrei a nuovi odi e antagonismi. Per gli ebrei, in alcune circostanze, l'appartenenza allo Stato si è rivelata fatale . Queste considerazioni non sono solo di interesse storico.

Sono anche essenziali per comprendere il passato - e il potenziale futuro - degli ebrei in America.[10]

Da qui il titolo del libro di Ginsberg e ciò a cui si riferisce: il "fatale abbraccio" dello Stato - la nazione e i suoi meccanismi di potere politico - da parte degli ebrei come parte dell'accumulo di vaste ricchezze.

Ginsberg ha riassunto il dilemma in cui si trovano gli ebrei americani e i loro concittadini non ebrei a causa della crescente influenza del potere

---

[9] *Benjamin Ginsberg*. The Fatal Embrace: Jews and the State (Chicago: University of Chicago Press, 1993), p. ix.

[10] *Ibidem*, p. ix.

ebraico in America. Le sue parole sono davvero profonde. Ginsberg scrive Sebbene gli ebrei abbiano imparato ad assomigliare agli altri americani, a parlare come loro e a vestirsi come loro, non sono completamente assimilati, né nella loro mente né agli occhi dei loro vicini..... A peggiorare le cose, gli ebrei spesso si considerano, segretamente o meno, moralmente e intellettualmente superiori ai loro vicini.

In effetti, gli ebrei sono degli outsider di grande successo che a volte hanno l'audacia di attaccare gli altri.[11]

In questo contesto, vale la pena di esaminare la sintesi dello stesso Ginsberg sui molti aspetti del potere ebraico in America. La sua panoramica ci offre un punto di partenza su cui costruire ed esaminare in dettaglio la natura specifica del potere ebraico in America. Ginsberg scrive:

A partire dagli anni Sessanta, gli ebrei hanno acquisito una notevole influenza nella vita economica, culturale, intellettuale e politica degli Stati Uniti. Gli ebrei hanno avuto un ruolo centrale nella finanza americana negli anni '80 e sono stati tra i principali beneficiari delle fusioni e delle riorganizzazioni aziendali di quel decennio.

Oggi, sebbene appena il 2% della popolazione del Paese sia di religione ebraica, quasi la metà dei miliardari sono ebrei.

Gli amministratori delegati dei tre principali canali televisivi e dei quattro maggiori studi cinematografici sono ebrei, così come i proprietari della più grande catena di giornali e del quotidiano più influente del Paese, *il New York Times.*

Alla fine degli anni '60, gli ebrei costituivano già il 20% dei professori delle università d'élite e il 40% dei professori delle scuole di legge d'élite ; oggi, queste percentuali sono senza dubbio più alte.

---

[11] *Ibidem*, pp. 8-9.

Il ruolo e l'influenza degli ebrei nella politica americana sono altrettanto marcati. Gli ebrei sono stati eletti a cariche pubbliche in numero sproporzionato.

Nel 1993, dieci membri del Senato degli Stati Uniti e trentadue membri della Camera dei Rappresentanti erano ebrei, una percentuale tre o quattro volte superiore a quella della popolazione generale.

Gli ebrei sono ancora più presenti nelle organizzazioni politiche e nel settore finanziario. Uno studio recente ha dimostrato che in ventisette delle trentasei campagne per il Senato degli Stati Uniti, uno o entrambi i candidati hanno utilizzato un presidente di campagna o un direttore finanziario ebreo.

Nel settore del lobbismo e delle controversie, gli ebrei hanno organizzato quella che per molti anni è stata una delle organizzazioni di azione politica di maggior successo a Washington, l'American Israel Public Affairs Committee (AIPAC), e svolgono un ruolo di primo piano in importanti gruppi di interesse pubblico come l'American Civil Liberties Union (ACLU) e Common Cause. Diversi ebrei hanno anche svolto un ruolo molto importante nella campagna presidenziale democratica del 1992.

Dopo la vittoria dei Democratici, il Presidente Clinton ha nominato numerosi ebrei a importanti incarichi nella sua amministrazione.

Il loro ruolo nelle istituzioni economiche, sociali e politiche americane ha permesso agli ebrei di esercitare una notevole influenza sulla vita pubblica del Paese. L'indicatore più evidente di questa influenza sono i 3 miliardi di dollari di aiuti militari ed economici diretti che gli Stati Uniti forniscono annualmente a Israele e, di fatto, la stessa cifra data all'Egitto da quando ha accettato di mantenere relazioni pacifiche con Israele.

Il fatto che tre quarti del bilancio degli aiuti esteri degli Stati Uniti siano destinati agli interessi di sicurezza di Israele è un notevole tributo alla capacità di lobbying dell'AIPAC e all'importanza della comunità ebraica nella politica americana...

Come regola generale, ciò che si può o non si può dire in pubblico riflette la distribuzione del potere politico nella società. Man mano che gli ebrei acquisivano potere politico, i politici che adottavano tattiche antisemite venivano etichettati come estremisti ed esiliati ai margini della politica americana.

Allo stesso modo, i simboli religiosi e le forme di espressione che gli ebrei considerano minacciosi sono stati quasi completamente eliminati dalle scuole e da altre istituzioni pubbliche.

Le cause intentate dall'ACLU, un'organizzazione i cui leader e membri sono prevalentemente ebrei, hanno portato a sentenze di tribunali federali che vietano le preghiere ufficiali nelle scuole pubbliche, gli asili nido e altre manifestazioni religiose nei parchi e negli edifici pubblici.[12]

A questo punto - dato tutto ciò che abbiamo appreso finora - sembra opportuno discutere la domanda molto reale: "Perché il peso economico, politico e culturale accumulato dal popolo ebraico in America è importante

Il fatto è che ci saranno persone - sia "repubblicani del Country Club" che adorano l'altare di Mammona, sia sedicenti "liberali" che si rallegrano del "successo delle minoranze", con l'esempio di - che leggeranno questo sottile volume e risponderanno dicendo: "Beh, viviamo in un Paese libero. È un tributo al popolo ebraico che, grazie al duro lavoro e all'intelligenza, ha raggiunto questo successo".

Per certi versi, è difficile discutere questa affermazione. Tuttavia, va sottolineato che l'accumulo di ricchezza e potere politico non significa che tale conglomerato dia a un gruppo etnico il diritto di dominare il sistema politico di una nazione solo perché ne ha i mezzi. E il fatto è che l'élite ebraica americana ora ha i mezzi per farlo, e non esita a farlo.

L'attuale tragica debacle dell'America in Iraq è un esempio lampante di come questo potere sia stato esercitato.

Non affermiamo qui che "tutti gli ebrei americani" volevano che gli Stati Uniti invadessero l'Iraq nella primavera del 2002. Al contrario, alcuni dei critici più virulenti ed eloquenti dell'intervento americano in Iraq erano ebrei americani. Resta il fatto che, in linea di massima, le

---

[12] *Ibidem*, pp. 1 e 2.

organizzazioni e gli individui più influenti che si sono trovati nella posizione migliore per promuovere la guerra in Iraq, attraverso le relazioni pubbliche, la pressione dei media e il lobbismo politico diretto, sono stati gli ebrei americani e le organizzazioni ebraiche americane che agiscono specificamente per conto degli interessi di Israele.

Questo argomento va ben oltre lo scopo di questo libro, ma è stato trattato in dettaglio nel precedente lavoro dell'autore, *I sommi sacerdoti della guerra*. Basti dire che quando il rappresentante degli Stati Uniti Jim Moran (D-Virginia) ha dichiarato francamente di ritenere che la comunità ebraica americana fosse abbastanza influente da fermare la deriva verso la guerra, aveva assolutamente ragione, nonostante la frenesia mediatica indignata che ha seguito le sue osservazioni.

Non c'è dubbio che il potere economico degli ebrei non sia un argomento limitato all'esame di quelli che possono essere definiti grossolanamente "antisemiti".

La verità è che anche lo studio più superficiale della storia ebraica si concentra in gran parte sulla ricchezza e sull'influenza ebraica. Ad esempio, la casa editrice newyorkese Schocken Books, che pubblica libri di interesse ebraico, ha presentato la sua pubblicazione del 1975, *Economic History of the Jews*.

In questo voluminoso volume, il curatore, Nahum Gross, ha sottolineato, in tutta franchezza, che, ad esempio, "il commercio coloniale nel primo periodo moderno e l'intermediazione e il settore bancario, in particolare l'investment banking, in tempi recenti, sono industrie altamente oligopolistiche e la loro storia è di fatto la storia di un numero piuttosto ridotto di aziende leader". La delineazione dei legami familiari e delle alleanze tra queste aziende è quindi molto rilevante, e lo storico ebreo sarà almeno curioso di sapere chi, tra questi leader d'impresa, era ebreo".[13]

---

[13] Nachum Gross, Ed. *Economic History of the Jews* (New York: Schocken Books, 1975). [1976 paperback edition], p. xi.

Non è quindi affatto inappropriato esaminare quali ebrei, quali famiglie ebraiche e quali interessi finanziari erano (o sono) predominanti in una determinata area, nonostante le accuse di "antisemitismo".

Per quanto riguarda l'accusa di "antisemitismo" che spesso circonda l'esame della ricchezza ebraica, sembra opportuno fare riferimento al classico studio dello storico ebreo Bernard Lazare sull'argomento, e in particolare alla sua indagine sull'"antisemitismo" stimolato da quelle che egli chiama "cause economiche". Lazare sottolinea giustamente che, a causa di una serie di fattori che hanno influenzato l'antisemitismo nel corso di molti secoli, gli ebrei - proprio a causa dell'antisemitismo - sono stati costretti a coalizzarsi: L'ebreo [...] accresce il suo vantaggio unendosi con i suoi correligionari dotati di virtù simili, e quindi accresce i suoi poteri agendo in comune con i suoi fratelli; il risultato inevitabile è che essi superano i loro rivali nel perseguimento di un obiettivo comune [...]. Gli ebrei sono uniti come una cosa sola.

Questo è il segreto del loro successo. La loro solidarietà è tanto più forte quanto più antica. La sua esistenza è negata, eppure è innegabile. Gli anelli della catena sono stati forgiati nel corso dei secoli fino a quando il passare dei secoli ha reso l'uomo inconsapevole della loro esistenza.[14]

In questo modo, possiamo forse comprendere meglio e con maggiore simpatia l'origine dello spirito di clan ebraico - chiamiamolo "esprit de corps" - che ha permesso a un gruppo di persone relativamente piccolo e assediato di sviluppare, lavorando insieme, una potente classe economica, legata dal suo patrimonio religioso e culturale. L'antisemitismo può essere stato una delle forze trainanti dell'emergere negli Stati Uniti (e nel mondo intero) di un gruppo di persone singolarmente influente.

Non c'è dubbio che un esame di quella che potrebbe essere definita letteratura "antisemita" si concentri sul potere economico ebraico. Viene subito in mente l'ormai famosa serie dell'industriale americano Henry Ford, *L'ebreo internazionale*. L'opera di Ford si concentrava sui tentacoli del potere ebraico in un'ampia gamma di arene economiche e

---

[14] Bernard Lazare. *Anti-Semitism* (London: Britons Publishing Company, 1967), pagg. 168-169.

culturali e provocava grande costernazione all'interno della comunità ebraica. Ma mentre Ford fu condannato per i suoi sforzi, ci furono pochi tentativi di confutare i fatti specifici esposti nella sua opera.

Libri più recenti cosiddetti "antisemiti", come *Jewish Supremacism* del controverso politico della Louisiana David Duke, si sono concentrati meno sul potere ebraico in sé e più sull'ideologia e sugli insegnamenti religiosi ebraici. Il libro di Duke si basa quasi esclusivamente su fonti ebraiche per descrivere il ruolo che gli interessi ebraici hanno svolto nel plasmare gli affari del mondo moderno da una prospettiva geopolitica e strategica. Ha evidenziato il ruolo preminente degli ebrei nel movimento bolscevico in Russia, così come il fior fiore dell'influenza ebraica dietro la rivoluzione sociale e culturale negli Stati Uniti e in Occidente, spesso a spese dei valori e delle prospettive tradizionali.

Inoltre, Duke si è spinto ad ampliare il suo studio esaminando da vicino gli insegnamenti religiosi ebraici che hanno effettivamente legato il popolo ebraico in modo più stretto e, allo stesso tempo, hanno creato dei cunei tra loro e gli altri. In definitiva, Duke ritiene che il popolo ebraico abbia cercato quello che egli chiama "suprematismo ebraico". Sebbene il popolo ebraico abbia fondato il proprio Stato in Israele, osserva Duke, sembra determinato a far sentire la propria influenza in tutto il mondo, ritenendo di essere supremo - e lo afferma nei propri scritti -.

Non si può leggere il libro di Duke - che è accuratamente documentato - senza concludere che è proprio questa l'ideologia che sta alla base della leadership della comunità ebraica in America (e nel mondo) oggi.

Qualunque sia la causa, l'antisemitismo ha giocato un ruolo importante nel plasmare la mentalità del popolo ebraico. Essi sono stati effettivamente costretti nella posizione (o status) di "estranei" e hanno scelto in gran parte di rimanerlo, nonostante il loro status di élite all'interno della società americana. Come "outsider", gli ebrei hanno una visione d'insieme della società "estranea" in cui operano e, da questa prospettiva, sono stati in grado di vedere opportunità altrimenti invisibili a chi non può, in senso convenzionale, "vedere la foresta per gli alberi".

Tutto ciò ha fatto sì che, nel corso dei secoli, gli individui ebrei - operando all'interno di una rete ebraica - siano stati in prima linea nella rivoluzione economica e politica e, come risultato diretto, abbiano giocato un ruolo importante nell'influenzare il corso della società.

Un altro fattore da tenere presente è che gli ebrei sono stati generalmente, quasi invariabilmente (con poche eccezioni), un popolo urbano, lontano dalla terra e dall'agricoltura. Al contrario, tutte le società e i popoli europei si allontanano a malapena di una, due o tre generazioni dalla fattoria e dal suo ethos rurale di costruire e creare, di edificare la civiltà dalla natura selvaggia.

Questo contrasto di eredità portò inevitabilmente a un conflitto tra il popolo ebraico e gli altri, proprio perché, in virtù delle loro tendenze urbane, gli ebrei si erano radicati nell'arena finanziaria - prestito di denaro, usura, banca, chiamatela come volete - e quindi divennero, non a caso, gli arbitri del futuro delle aree rurali.

Il conflitto storico tra agricoltura e finanza è sempre stato un fattore di fondo dell'antisemitismo, a prescindere dal Paese: che si tratti di in Germania o degli Stati Uniti, dove il movimento populista della fine del XIX secolo fu caratterizzato da una retorica antisemita piuttosto diffusa.

Ancora una volta, l'antisemitismo è la diretta conseguenza dell'opposizione dei non ebrei all'influenza ebraica, che a sua volta ha raggiunto nuove vette proprio perché il popolo ebraico ha formato una "dinamica di gruppo" unica, che non si trova in nessun'altra formazione etnica del pianeta in modo così fiorente. L'antisemitismo, potremmo dire, ha a suo modo generato il successo e il potere ebraico che, a sua volta, ha generato ancora più antisemitismo, proprio perché gli ebrei - come gruppo - si sono messi nella posizione di plasmare (se non distruggere) non ebrei il cui futuro è letteralmente nelle mani dei mediatori di potere ebraici.

A questo proposito, dobbiamo affrontare il tema dell'"Olocausto", cioè gli eventi della Seconda Guerra Mondiale che sono stati continuamente e infinitamente commemorati in migliaia di libri, film, canzoni, poesie, programmi televisivi e articoli di giornali e riviste, nel mezzo secolo trascorso dalla fine di quella conflagrazione globale che causò la morte di innumerevoli milioni di persone - molto più dei sei milioni di ebrei che ci è stato detto essere morti per mano di un regime nazista genocida.

Sebbene un movimento di "revisionisti dell'Olocausto", dedicato e in crescita, abbia fatto passi da gigante nel sollevare seri interrogativi su fatti e dettagli specifici degli eventi di quel periodo noto come "Olocausto" - in gran parte grazie agli sforzi di Willis A. Carto e dell'un tempo vivace Institute for Historical Review (poi distrutto dall'interno da agenti che lavoravano per interessi ebraici decisi a mettere a tacere l'Istituto), la maggior parte delle persone rimane convinta che gli ebrei siano stati le uniche vittime di quella che viene virtualmente salutata come "la più grande tragedia della storia", proprio perché è stata una tragedia che ha presumibilmente preso di mira il "popolo eletto da Dio". La simpatia residua per il popolo ebraico è grande, ma comincia a scemare man mano che sempre più persone, francamente, si "stancano di sentir parlare dell'Olocausto" e si rendono conto degli attuali sforzi di riviste storiche revisioniste come *The Barnes* Review, che non ha avuto paura di affrontare l'argomento.

La ripetizione costante - quasi cultuale - della storia dell'Olocausto sta diventando (e alcuni leader ebraici non hanno avuto paura di dirlo) una parte quasi integrante del "pensiero di gruppo" ebraico e, come diretta conseguenza, è incorporata, per molti aspetti, nella stessa religione ebraica.

Questo è un altro aspetto della mentalità ebraica che rende il popolo ebraico unico. Sebbene decine - forse centinaia - di altri gruppi etnici, sette e popoli abbiano subito i propri "olocausti" nel corso della storia, solo il popolo ebraico è stato così dedito alla commemorazione dei propri disastri. Allo stesso tempo, il popolo ebraico (in modo organizzato) ha continuato a usare l'"Olocausto" (e altre tragedie, reali o immaginarie) come meccanismo per avanzare richieste al mondo intero. Dopo tutto, non è forse per questo che è stato creato lo Stato di Israele, come mezzo per espiare le perdite degli ebrei nella Seconda guerra mondiale

Certamente, in fin dei conti, il dibattito sulle cause e sugli effetti dell'antisemitismo - o del "problema ebraico", come è stato conosciuto nel corso della storia - ha molti aspetti che vanno ben oltre lo scopo di questo libro. Alcuni "antisemiti" potrebbero addirittura sostenere che siamo stati troppo comprensivi nei confronti del popolo ebraico e non sufficientemente consapevoli delle attività e degli atteggiamenti ebraici che hanno creato il fenomeno dell'antisemitismo. Ma questo è un dibattito per un altro tempo e luogo.

Quindi, per i nostri scopi qui, basterà dire che, qualunque sia l'origine ultima della supremazia ebraica (almeno nelle sfere di influenza economica, culturale e politica negli Stati Uniti), è un fatto che non può essere negato. La verità della supremazia ebraica in America si trova in innumerevoli volumi e in gran parte della letteratura di scrittori ebrei che difficilmente possono essere classificati come "antisemiti".

Con queste premesse, esaminiamo ciò che gli studiosi e le autorità ebraiche dicono sul potere ebraico in America. A titolo di prefazione, tuttavia, includiamo i seguenti documenti rilevanti per il nostro studio:

- Uno sguardo all'ormai famigerato scandalo Enron. Sebbene i media abbiano fatto un gran parlare di questa disfatta, anche l'esame più superficiale della Enron rivela aspetti nascosti del potere sionista in America, se non altro perché la "connessione ebraica" con la Enron rimane uno dei più grandi segreti del nostro tempo;

- Uno studio sul caso INSLAW, uno scandalo che ha dimostrato il potere brutale della lobby sionista nel manipolare il Dipartimento di Giustizia degli Stati Uniti e il sistema giudiziario federale.

- Un profilo della "famiglia reale" americana, i Bronfman, che sono indiscutibilmente la più potente e affermata delle famiglie ebraiche che oggi regnano sovrane in America. Primi satelliti "coloniali" dell'impero dei Rothschild, da lungo tempo presente in Europa, i Bronfman sono il volto spesso odioso del potere sionista in America.

- Successivamente, esploriamo dettagli altrettanto sordidi su due grandi imperi mediatici statunitensi, la cui notevole influenza personifica la vasta portata dell'élite sionista che gestisce il monopolio dei media.

- Come interessante intermezzo, diamo uno sguardo alla storia poco conosciuta di Donald Trump, lo sgargiante magnate del settore immobiliare e dei casinò.

Sebbene non sia ebreo, la storia dimostra che Trump deve la sua fama e la sua fortuna al patrocinio di alcuni potenti sionisti.

- Quella che segue è una vasta panoramica dei nomi, dei volti e degli interessi finanziari delle famiglie ebraiche più o meno note, il cui accumulo di ricchezza e potere è sbalorditivo. È la prima volta (al di fuori di una piccola rivista letta solo nei circoli più elevati) che questi nomi vengono pubblicati in un unico luogo - ed è davvero un riassunto rivelatore.

Per concludere, arriviamo finalmente al cuore di questo volume, alle sue stesse fondamenta: fatti e cifre freddi e duri sulla realtà del potere sionista in America. I dettagli parlano da soli. Non è "antisemita" o "antiebraico" presentare questi fatti, tanto più che le fonti di informazione sono (con una sola eccezione) esclusivamente ebraiche. E - con la possibile eccezione di Lenni Brenner - nessuna delle rispettabilissime fonti citate è ciò che i critici sionisti hanno definito "ebrei che odiano se stessi", un termine che è stato incautamente applicato agli ebrei americani che hanno osato sollevare questioni sui mali di Israele sionista, come ha fatto Brenner.

Naturalmente, molte persone si sentiranno a disagio nel leggere questo libro, ma solo perché sono state vittime di quella che è stata definita "correttezza politica".

La verità è che i giornali e le riviste ebraiche discutono liberamente e apertamente - e addirittura si vantano - del potere ebraico in America. I non ebrei hanno ora l'opportunità di vedere esattamente ciò di cui queste fonti ebraiche si vantano.

Tutta questa ricchezza materiale - come sostengono i filosofi ebrei - è davvero un'affermazione della benedizione di Dio sul popolo ebraico

L'élite sionista - come suggeriscono le prove raccolte in questo volume - è emersa come "coloro che regnano supremi"? Hanno finalmente fatto dell'America la nuova Gerusalemme

È un bene per l'America? È un bene per il mondo? I non ebrei possono partecipare a questa ricchezza

Esiste un'alternativa

Il lettore può - e vuole - dare un giudizio finale.

Corruzione all'americana

ENRON - Il legame sionista poco pubblicizzato (ma molto importante)

Sebbene il crollo del gigante petrolifero Enron sia emerso come il primo grande scandalo finanziario e politico del XXI secolo - con molteplici legami sia con il partito democratico che con quello repubblicano - il legame ebraico centrale (ed essenziale) con Enron è passato in gran parte inosservato. Come vedremo, alcuni aspetti molto interessanti dello scandalo sono stati tenuti fuori dagli occhi del pubblico.

Da questo punto di vista, lo scandalo Enron è un'introduzione molto appropriata al nostro esame generale del potere sionista in America.

Sebbene il fatto che il dirigente della Enron Andrew Fastow (condannato, insieme alla moglie, per le sue malefatte) fosse ebreo sia stato menzionato da alcuni media - con il rabbino di Fastow che si è pubblicamente schierato in sua difesa - le connessioni ebraiche ben più importanti ed esplosive intorno alla Enron sono state quasi uniformemente oscurate.

Il ruolo degli ebrei nell'affare Enron probabilmente illustra il modo in cui i media mainstream sopprimono la "connessione ebraica" in affari importanti di questo tipo e merita di essere esaminato come parte del nostro studio del potere ebraico in America.

Il fatto che non solo politici di alto profilo abbiano ricevuto "denaro sporco" da grandi nomi legati al crollo della Enron si è perso nella confusione.

Ecco una storia che non leggerete da nessun'altra parte.

Mentre "tutti sanno" che l'ormai famigerata Enron riempiva le casse delle campagne elettorali dei politici democratici e repubblicani, ciò che non è stato riportato dai media mainstream è che questa società corrotta e coloro che la sostengono sono stati anche i principali finanziatori della fiorente industria dell'Olocausto (e della lobby di Israele) negli Stati Uniti e in Israele.

Infatti, mentre Kenneth Lay, il presidente non ebreo della Enron, cercava di evitare che i suoi dipendenti (e gli investitori) scoprissero lo stato pietoso della gigantesca società, Lay e sua moglie Linda (e la stessa Enron) finanziavano un cosiddetto "museo dell'Olocausto" a Houston, in Texas.

Infatti, secondo il numero del 18 gennaio 2002 di *Forward*, uno dei più rispettati e autorevoli giornali ebraici americani, i Lays e la Enron "hanno donato centinaia di migliaia di dollari al Museo dell'Olocausto di Houston, che rappresentano circa il 10% del budget di 3 milioni di dollari dell'istituzione".

La verità è che Kenneth e Linda Lay erano talmente legati al museo da essere co-presidenti onorari della cena annuale del museo nel marzo 2002. La signora Lay era infatti un membro del Consiglio di amministrazione del museo.

Da parte sua, la folla del museo ha protestato di non sapere nulla degli affari della Enron, il che è probabilmente vero, ma resta da chiedersi se gli investitori e i dipendenti della Enron arrabbiati cominceranno a chiedere al museo di restituire il "denaro sporco" sottratto dai contributi della Enron. Ma il legame tra Enron e l'industria dell'Olocausto è ancora più grande e importante.

Mentre i media dipingono ancora la Enron come una sorta di azienda di "cowboy texani", la verità è che una famiglia miliardaria ebrea, poco conosciuta ma straordinariamente ricca, con sede a New York, ha svolto un ruolo importante nella creazione della Enron ed è stata anche il principale finanziatore delle attività del Museo Memoriale dell'Olocausto degli Stati Uniti a Washington.

Sebbene il presidente di Enron Kenneth Lay sia stato al centro dell'attenzione dei media, è provato che Enron è in gran parte il feudo degli eredi del defunto Arthur Belfer, un immigrato di origine polacca spesso descritto come un "sopravvissuto all'Olocausto", sebbene Belfer abbia lasciato la Polonia nel 1939. Belfer iniziò come importatore di cuscini, poi iniziò ad assicurarsi lucrosi contratti per la fornitura di sacchi a pelo alle forze armate statunitensi. In seguito è passato al settore petrolifero e ha costruito la Belco Petroleum fino a farla diventare una delle più grandi imprese industriali del Paese.

I critici della copertura mediatica di Enron hanno notato che, sebbene articoli di fondo nelle sezioni economiche del *Wall Street Journal* e del *New York Times* del 5 dicembre 2001 abbiano evidenziato il legame tra Belfer ed Enron, il nome di Belfer è stato successivamente relegato in secondo piano, con il funzionario pubblico Kenneth Lay - essenzialmente un "sicario" della famiglia Belfer - come capro espiatorio del disastro Enron.

Sebbene il nome di Belfer non sia mai stato menzionato in un importante articolo di *Newsweek* che pretendeva di raccontare l'intera tragica storia di Enron, è emerso che gli eredi di Belfer erano (al momento dello scoppio dello scandalo) attori principali di Enron, da quando Arthur Belfer aveva venduto la sua società Belco Petroleum Corp. al predecessore di Enron nel 1983.

Sebbene Belfer sia morto nel 1993, la fondazione della famiglia Belfer (arricchitasi con le attività della Enron, ora controverse) ha finanziato una "Conferenza nazionale Arthur e Rochelle Belfer per gli educatori", che si tiene regolarmente e con grande clamore presso il Museo Memoriale dell'Olocausto degli Stati Uniti a Washington.

Per il 2002 sono state programmate due conferenze di questo tipo. Gli insegnanti delle scuole medie e superiori di tutto il Paese, specializzati nell'"educazione all'Olocausto", sono invitati dalla Fondazione Belfer al Museo di Washington, dove vengono istruiti sul processo di indottrinamento degli alunni nella tradizione e nella leggenda dell'"Olocausto".

Quello che non si può negare - nonostante la decisione dei media di nascondere il nome di Belfer sotto il tappeto - è che i nomi "Enron" e "Belfer" sono praticamente indistinguibili.

Il figlio di Arthur Belfer, Robert Belfer, non è affatto una "parte disinteressata": siede nel consiglio di amministrazione di Enron, ma anche, e soprattutto, nel comitato di gestione di tre persone, accanto a Lay. In un momento in cui i media hanno messo da parte Robert Belfer, non è ragionevole pensare che non fosse al corrente della situazione disastrosa dell'azienda.

I registri pubblici mostrano che il denaro di Belfer è stato anche ampiamente distribuito a cause ebraiche negli Stati Uniti e in Israele. Robert Belfer è stato recentemente eletto presidente del consiglio di amministrazione dell'Albert Einstein College of Medicine della Yeshiva University di New York, dove lui e sua moglie Renee sono da tempo benefattori finanziari. Belfer siede anche nei consigli di amministrazione del Weizmann Institute of Science con sede in Israele (una delle forze trainanti del programma segreto di sviluppo di armi nucleari di Israele) e dell'American Jewish Committee, uno dei blocchi più influenti della lobby di Israele in America.

La signora Belfer è anche membro del Consiglio di amministrazione dell'American Friends of the Israel Museum. Le donazioni dei coniugi Belfer vanno ben oltre: essi contribuiscono anche a Thanks to Scandinavia, un'iniziativa che rende omaggio agli scandinavi che hanno combattuto contro le potenze dell'Asse durante la Seconda guerra mondiale.

Alcuni hanno suggerito che, a causa degli stretti legami tra l'impero Belfer/Enron e l'industria dell'Olocausto e la lobby di Israele, i media mainstream abbiano deliberatamente deciso di "dissociare" il nome di Belfer dallo scandalo Enron per risparmiare alla famigerata industria dell'Olocausto e alla lobby di Israele qualsiasi imbarazzo.

Anche se sembra che Belfer e la sua famiglia abbiano subito perdite significative nella debacle della Enron, *il Wall Street Journal* ha assicurato ai suoi lettori che la famiglia "non è stata spazzata via finanziariamente". Selma Ruben, sorella di Belfer, è sposata con Lawrence Ruben, un immobiliarista newyorkese immensamente ricco. Un'altra sorella, Anita, è morta di recente. Si dice che i suoi eredi abbiano perso enormi somme di denaro nell'affare Enron.

Così, mentre i media principali si concentrano sulla questione del tutto irrilevante se i politici repubblicani o quelli democratici (o entrambi) siano stati in qualche modo responsabili del crollo della Enron, la famiglia Belfer (e quelli dell'industria dell'Olocausto e delle cause legate a Israele che hanno prosperato grazie alla generosità della Enron) sfugge all'attenzione pubblica.

Dati i legami di Enron, forse non è una coincidenza che due delle figure chiave del Congresso presentate dai media come "investigatori" di Enron siano il rappresentante Henry Waxman (D-Calif.) e il senatore

Joseph Lieberman (D-Conn.), due legislatori noti per essere ferventi sostenitori della causa di Israele.

Questa breve panoramica dell'ormai famoso scandalo Enron, che ha ricevuto una copertura mediatica massiccia, dimostra che c'era davvero una "connessione ebraica" nascosta che è stata altrimenti ignorata dai principali mezzi di comunicazione radiotelevisivi e cartacei di questo Paese.

I risultati finali dell'affare Enron restano ovviamente da vedere, ma il fatto stesso che ci sia stata questa connessione ebraica poco conosciuta che è stata ignorata o deliberatamente soppressa è un indicatore molto eloquente del fatto che il potere sionista in America è così immenso che tale connessione ebraica rimane nascosta.

Nel suo libro già citato, *L'abbraccio fatale*, il professore ebreo-americano Benjamin Ginsberg ha scritto con franchezza e schiettezza della frequenza con cui è stata trovata una "connessione ebraica" in una serie di importanti scandali politici americani, che vanno dal leggendario affare del Credit Mobilier nel XIX secolo agli intrighi geopolitici e finanziari che circondano la costruzione del Canale di Panama - per non parlare di una serie di altri eventi di questo tipo che sono diventati parte della storia americana.

E tutto questo senza dimenticare il ruolo chiarissimo che le famiglie ebraiche negli Stati Uniti e nel mondo hanno avuto nel massiccio commercio transatlantico degli schiavi africani, un punto ampiamente contestato dalle organizzazioni ebraiche e dai media, ma documentato in modo esauriente e indiscutibile nell'opera di riferimento *The Secret Relationship Between Blacks and Jews*, pubblicata dalla Nation of Islam del ministro Louis Farrakhan.

Naturalmente, anche se la parola "scandalo" non viene generalmente usata, come dovrebbe, non c'è dubbio che l'influenza sionista abbia giocato un ruolo sostanziale nel promuovere le oltraggiose bugie raccontate dall'amministrazione di George W. Bush per promuovere l'invasione statunitense dell'Iraq nella primavera del 2003, proprio alla vigilia della festa ebraica di Purim, quando gli ebrei celebrano la distruzione dei loro nemici, un tipo di celebrazione molto sgradevole per gli standard normali.

Tuttavia, le affermazioni palesemente false su armi di distruzione di massa del tutto inesistenti, fatte dal giovane Bush e dai suoi consiglieri ebrei, come Paul Wolfowitz, Douglas Feith e Richard Perle, e promosse nei media da sionisti integralisti come William Kristol, sono state una palese frode al popolo americano (e al mondo).

Eppure è altamente improbabile che questi colpevoli - tutti i sionisti, ebrei e non ebrei - vengano mai portati davanti a un tribunale e perseguiti per questi crimini di guerra molto reali.

Questa è la triste realtà di ciò che accade quando il potere sionista è diventato così immenso che gli interessi del movimento sionista si intrecciano completamente con gli affari di una nazione, dando luogo alla palese corruzione istituzionale e alla mancanza di principi morali che regnano oggi nelle alte sfere. Il fatto è che i limiti al potere sionista in America sono semplicemente pochi, se non nulli.

Se non esiste una legge che preveda l'incriminazione e la punizione dei funzionari pubblici che mentono quando *non sono* sotto giuramento (cosa che purtroppo accade la maggior parte delle volte), forse dovrebbe esserci.

In breve, il sionismo ha svolto un ruolo importante in alcuni dei traffici più scandalosi e redditizi del nostro tempo.

Tuttavia, un altro scandalo della storia americana recente, che vale certamente la pena di esaminare, fornisce una dimostrazione oscura, nel senso più specifico, del modo in cui il potere sionista ha infiltrato e manipolato i ranghi più alti delle forze dell'ordine del nostro Paese: il Dipartimento di Giustizia degli Stati Uniti e la magistratura federale.

Si tratta dell'affare INSLAW, il prossimo argomento da esaminare nella nostra rassegna del potere sionista in America.

Il caso INSLAW

Controllo sionista dei tribunali e del Dipartimento di Giustizia degli Stati Uniti

La mano sottile dei servizi segreti israeliani e la loro influenza ai più alti livelli del Ministero della Giustizia sono il filo conduttore della cospirazione nel caso INSLAW.

Sebbene l'affare INSLAW sia stato relegato in secondo piano, un esame di questo scandalo è del tutto appropriato se si considera il potere sionista in America. Questa è la storia.

Nel marzo 1982, l'INSLAW di Washington, di proprietà di Bill e Nancy Hamilton, si aggiudicò un contratto triennale da 10 milioni di dollari con il Dipartimento di Giustizia per installare lo straordinario software PROMIS di Bill Hamilton nei 22 maggiori uffici dei procuratori degli Stati Uniti e una versione di videoscrittura in altri 72 uffici. PROMIS era un software di tracciamento altamente sofisticato, perfettamente adatto all'uso da parte delle agenzie di intelligence, progettato per tracciare individui mirati.

Nel frattempo, però, il dottor Earl Brian, amico di lunga data dell'allora Procuratore Generale Edwin Meese, iniziò a usare la sua influenza politica per interferire con il contratto degli Hamilton al fine di ottenere il contratto per una società di sua proprietà. Ciò avvenne dopo che gli Hamilton rifiutarono l'offerta di Brian di acquistare l'INSLAW. Brian, che aveva molti contatti internazionali, era ampiamente considerato una risorsa di lunga data della CIA.

All'inizio del 1983, il Ministero della Giustizia organizzò con gli Hamilton una dimostrazione del PROMIS a un israeliano che si faceva chiamare "dottor Ben Orr" e sosteneva di rappresentare il Ministero della Giustizia israeliano. "Ben Orr" disse di essere rimasto molto colpito dal PROMIS, ma, con grande sorpresa degli Hamilton, non acquistò mai il prodotto.

Solo in seguito gli Hamilton scoprirono il motivo: grazie ai suoi contatti all'interno del Ministero della Giustizia, Earl Brian era riuscito a rubare il software e lo aveva poi fornito alla LEKEM, un'unità di intelligence elettromagnetica top-secret dell'esercito di difesa israeliano. Il capo del LEKEM era un agente del Mossad di lunga data, Rafael "Dirty Rafi" Eitan. In realtà, Eitan era il "dottor Ben Orr" che aveva fatto visita agli Hamilton.

A quel punto era già stato rivelato che Eitan era l'agente del Mossad che gestiva le operazioni di spionaggio negli Stati Uniti della spia israeliana Jonathan Pollard. Le operazioni LEKEM di Eitan erano state finanziate segretamente da una serie di società offshore alle Bahamas, create qualche anno prima dallo studio legale Burns and Summit. Si dà il caso che questo studio sia quello dell'Assistente Procuratore Generale Arnold Burns, uno dei protagonisti della campagna del Dipartimento di Giustizia per liquidare l'INSLAW.

Ari Ben-Menashe, ex ufficiale dei servizi segreti israeliani, ha affermato che PROMIS è il software ideale per i servizi segreti israeliani per rintracciare i palestinesi e i dissidenti politici critici nei confronti di Israele. Ha dichiarato:

"PROMIS è stata una cosa molto importante per noi, una cosa molto, molto importante. È stata probabilmente la questione più importante degli anni '80, perché ha cambiato l'intera prospettiva dell'intelligence. L'intera forma di raccolta dell'intelligence è cambiata". Brian ha reso un grande servizio ai suoi amici israeliani.

Brian ha venduto PROMIS anche alla Royal Canadian Mounted Police, al Canadian Security and Intelligence Service e all'intelligence militare giordana, tra gli altri. In realtà, la portata degli intrighi di Brian nel vendere PROMIS in tutto il mondo non è ancora stata rivelata.

Naturalmente, tutto questo avveniva dietro le quinte e all'insaputa degli Hamilton. Tuttavia, nel 1985, dopo che il loro software era stato completamente saccheggiato e distribuito a livello internazionale, gli Hamilton scoprirono che il Dipartimento di Giustizia stava trattenendo oltre 7 milioni di dollari di pagamenti dovuti in base al contratto, costringendo l'INSLAW all'insolvenza . Poi, nel 1984, il Dipartimento di Giustizia annullò bruscamente il contratto.

Mentre affrontavano il fallimento e la liquidazione, i proprietari di INSLAW stavano anche combattendo contro i tentativi di acquisizione ostile da parte di Earl Brian, risorsa della CIA, e di alcuni suoi alleati, tra cui la società di Wall Street Charles Allen and Company.

Nel febbraio 1985, gli Hamilton presentarono istanza di protezione dal fallimento ai sensi del Capitolo 11 presso il tribunale federale di Washington e fecero causa al Dipartimento di Giustizia per danni e perdite. Assunsero come rappresentante Leigh Ratiner, un avvocato di Dickstein, Shapiro e Morin.

Nel frattempo, l'avvocato Leonard Garment di Washington - che ha rappresentato il nemico giurato degli Hamilton, "Dirty Rafi" Eitan, e gli interessi di Israele nello scandalo dello spionaggio di Pollard - è emerso nel caso INSLAW. Amico del benefattore finanziario segreto di Eitan, l'assistente del procuratore generale Burns, Garment era un socio anziano di Dickstein, Shapiro e Morin, che ha bruscamente licenziato Ratiner, l'avvocato che rappresentava gli Hamilton.

In seguito, gli Hamilton hanno stabilito che era molto probabile che Eitan, esponente del Mossad, avesse trasferito circa 600.000 dollari da un fondo nero israeliano allo studio legale di Garment per finanziare l'accordo di separazione dello studio con Ratiner, l'avvocato degli Hamilton.

(Allo stesso tempo, Garment stesso è noto per aver contribuito a "patteggiare" una causa contro Liberty Lobby, l'editore di *The Spotlight*, dopo che l'istituzione populista aveva citato in giudizio il *Wall Street Journal* per aver pubblicato calunnie su Liberty Lobby, tra cui una scritta dalla moglie di Garment. *The Spotlight* - non a caso - ha anche riferito in modo approfondito sul nascente scandalo INSLAW (di cui si parlerà più avanti).

Nonostante le difficoltà, gli Hamiltons hanno ottenuto una vittoria meritata.

La cospirazione del Dipartimento di Giustizia contro la INSLAW era così evidente e oltraggiosa che nel gennaio 1988 il giudice del tribunale fallimentare George Bason Jr. si pronunciò a favore degli Hamilton e contro il Dipartimento di Giustizia. Bason ritenne che il Dipartimento di Giustizia avesse deliberatamente cercato di far fallire la INSLAW per poter prendere il controllo del software e non pagare agli Hamilton il denaro loro dovuto.

La decisione di Bason fu poi confermata, ma a quel punto gli era già stata rifiutata la riconferma ed era stato rimosso e sostituito da S. Martin Teel, che non era altro che l'ex avvocato del Ministero della Giustizia che difendeva la giustizia contro gli Hamilton.

Fu dopo che Bason si pronunciò contro il Dipartimento di Giustizia e a favore degli Hamilton, sostenendo che i clienti/colleghi di Teel avevano rubato il software PROMIS con "inganno, frode e truffa", che a Bason fu negata la riconferma e al suo posto fu nominato Teel. In seguito Bason accusò il Dipartimento di Giustizia, in una testimonianza al Congresso, di aver cospirato per costringerlo a lasciare l'incarico come ritorsione per la sua sentenza contro il Dipartimento.

Uno degli attori principali nello sforzo di destituire Bason a favore di Teel era l'allora Assistente del Procuratore Generale Arnold Burns, un potente avvocato con legami di lunga data con l'Anti-Defamation League (ADL) di B'nai B'rith.

Burns è anche uno dei fondatori di "Nesher", un gruppo discretamente influente di circa 300 alti funzionari e burocrati federali che si incontrano informalmente, legati dal desiderio di promuovere la causa sionista.

E, non a caso, come abbiamo già notato, Burns è stato uno dei funzionari del Ministero della Giustizia che ha lavorato diligentemente per la chiusura dell'INSLAW.

L'ex giudice Bason ha anche sollevato la questione se, in effetti, Teel fosse qualificato per la promozione, data la sua esperienza estremamente limitata nelle controversie fallimentari.

In ogni caso, Teel è stato nominato giudice di Bason, come ricompensa per il suo contributo alla copertura di una cospirazione corrotta che coinvolgeva la complicità di agenti della CIA e del Mossad israeliano.

Secondo i giornalisti investigativi Mark Fricker e Stephen Pizzo, "il caso INSLAW era diventato il bacio della morte giudiziario a Washington, senza che nessun giudice volesse essere coinvolto. Le accuse dell'INSLAW hanno sollevato seri interrogativi sulla corruzione e l'illegalità del Dipartimento di Giustizia, e l'interdizione del giudice fallimentare Bason ha inviato un messaggio agghiacciante alla magistratura". Il giudice distrettuale capo degli Stati Uniti Aubrey Robinson di Washington, D.C., ha detto di altri giudici dell'INSLAW: "Non lo toccherebbero nemmeno con un palo di 10 piedi.

A questo punto, gli Hamilton avevano iniziato ad attirare l'attenzione dei media, grazie anche agli sforzi pionieristici di giornalisti indipendenti come Harry Martin del *Napa* (California) *Sentinel* e *The Spotlight* e il suo forum di discussione, *Radio Free America* (RFA), condotto da Tom Valentine.

Oltre all'ex giudice Bason e all'informatico Michael Riconosciuto (che era associato a Earl Brian nel complotto dell'INSLAW), Bill e Nancy Hamilton dell'INSLAW sono stati tra gli ospiti che sono intervenuti su RFA per discutere dello scandalo.

Gli Hamilton sono stati abilmente rappresentati dall'ex procuratore generale Elliot Richardson (ora deceduto), che era profondamente disgustato e ripugnato dalle attività dei funzionari del dipartimento che aveva diretto per un breve periodo durante l'era Nixon.

Allertato dalla crescente consapevolezza pubblica del caso, il deputato Jack Brooks (D-Texas), presidente della Commissione giudiziaria della Camera, ha avviato un'indagine speciale sul caso INSLAW. Brooks ha scoperto che il Dipartimento di Giustizia, sotto la guida del nuovo Procuratore generale Dick Thornburgh, ha costantemente tergiversato nel tentativo di mantenere il caso segreto.

Nel frattempo, il Dipartimento di Giustizia si appellò alla Corte d'Appello degli Stati Uniti, che nel maggio 1990 risolse la questione a favore del Dipartimento, sostenendo che il caso degli Hamilton non avrebbe mai dovuto essere presentato al tribunale fallimentare. La corte d'appello ha stabilito che il caso degli Hamilton non avrebbe mai dovuto essere presentato al tribunale fallimentare e ha respinto il loro reclamo, affermando in sostanza che se gli Hamilton avessero voluto citare in giudizio il Dipartimento di Giustizia, avrebbero dovuto ricominciare da capo . La corte non ha preso in considerazione il merito del reclamo, affermando solo che il tribunale fallimentare non era mai stato il luogo adatto per trattare il caso.

Nel 1991, sotto le crescenti pressioni del Congresso, il successore di Thornburgh come Procuratore Generale, l'ex funzionario della CIA William Barr, nominò il giudice federale in pensione Nicholas Bua di Chicago come consulente speciale interno del Dipartimento di Giustizia per indagare sull'INSLAW, anche se nessuno ha mai creduto che il Dipartimento di Giustizia potesse essere colpevole di qualcosa.

Nel 1992, dopo l'appello degli Hamilton alla Corte Suprema, la Corte (prevedibilmente) confermò la decisione della corte inferiore a favore del Dipartimento di Giustizia. Nel marzo 1993, con grande sorpresa di tutti, l'ex giudice federale Nicholas Bua presentò un rapporto che scagionava il Ministero della Giustizia.

Infine, nell'agosto 1997, la Court of Federal Claims di Washington, D.C., si pronunciò contro gli Hamilton e concluse - ancora una volta non sorprendentemente - che il Dipartimento di Giustizia non era colpevole di alcun illecito nel caso INSLAW, nonostante tutte le prove.

Va notato che durante il periodo in cui si è svolta la vicenda dell'INSLAW, diverse persone legate all'INSLAW e all'indagine sullo scandalo hanno iniziato a morire.

- Nell'agosto 1991, la vittima più famosa dell'INSLAW - il giornalista freelance Danny Casolaro, che lavorava con Bill e Nancy Hamilton dell'INSLAW e collaborava strettamente con l'agente della CIA e informatore di cospirazioni dell'INSLAW Michael Riconosciuto - fu trovato morto in una stanza di motel a Martinsburg, in West Virginia. Sebbene la sua morte sia stata ufficialmente dichiarata un "suicidio", il peso delle prove suggerisce il contrario.

- Nel 1992, la moglie e i tre figli di Ian Stuart Spiro, uomo d'affari di San Diego e agente indipendente dei servizi segreti, furono trovati uccisi. Spiro fu poi trovato morto in un altro luogo. Sebbene le autorità abbiano annunciato che Spiro (che lavorava per i servizi segreti britannici e israeliani) aveva ucciso la sua famiglia e poi se stesso, pochi ci credono.

Ciò che è interessante - alla luce dei molteplici collegamenti israeliani nel caso INSLAW - è che il vice-sceriffo in pensione della contea di San Diego Tim Carroll, assunto come "investigatore" speciale nel caso Spiro, è stato per lungo tempo il collegamento tra l'ufficio dello sceriffo e l'Anti-Defamation League (ADL) del B'nai B'rith, che è un intermediario del Mossad.

Non è una coincidenza che Carroll abbia anche contribuito a orchestrare (e partecipato) alla massiccia (e totalmente ingiustificata) irruzione della polizia del 1995 nella casa di Willis A. Carto, l'editore di *The Spotlight*, come parte della cospirazione in corso che alla fine riuscì a distruggere il settimanale populista che, all'epoca, era l'unica grande pubblicazione nazionale indipendente che denunciava il caso INSLAW.

Anche un giardiniere messicano, apparentemente testimone degli omicidi di Spiro, è stato successivamente assassinato.

- Il giornalista Anson Ng, del *Financial Times* di Londra, stava lavorando con Casolaro per indagare sui legami tra l'INSLAW e il riciclaggio di denaro legato all'affare Iran-Contra avviato da Israele. Ng fu trovato morto in Guatemala nel luglio 1991 con un unico proiettile nel petto. Le autorità dichiararono la sua morte un suicidio.

- Anche Dennis Eisman, avvocato dell'informatore dell'INSLAW Michael Riconosciuto, è stato trovato con una ferita d'arma da fuoco al petto. Anche in questo caso si tratta di un suicidio.

- Nel marzo 1990, il giornalista britannico Jonathan Moyle, che stava indagando su una figura dell'INSLAW in Cile, fu trovato impiccato nel guardaroba del suo albergo a Santiago.

- Alan D. Standorf, analista della difesa. Il suo corpo è stato trovato all'aeroporto nazionale di Washington, sul pavimento di un'auto, sotto alcuni bagagli. Lavorava in un punto di ascolto militare segreto nei sobborghi della Virginia.

- Michael Allen May, ex collaboratore di Nixon, è morto quattro giorni dopo che *il Napa Sentinel* ha rivelato i suoi legami con lo scandalo October Surprise, che ha coinvolto anche il cospiratore dell'INSLAW Earl Brian.

L'autopsia ha rivelato che May aveva assunto prodotti farmaceutici.

- L'ingegnere Barry Kumnick è scomparso dopo aver inventato un nuovo programma informatico in grado di proiettare i pensieri e le caratteristiche di individui criminali o militari e di prevederne il comportamento o i movimenti. Il sistema di Kumnick era stato progettato per funzionare con il software PROMIS sviluppato dall'INSLAW.

Le prove scoperte dall'avvocato dell'INSLAW, Elliot Richardson, indicano come il più probabile autore di questa serie di omicidi e questa segretezza è alla base dei collegamenti sionisti nel caso INSLAW.

Il fatto è che Richardson e gli Hamilton scoprirono che l'Office of Special Investigations (OSI) del Dipartimento di Giustizia, responsabile della "caccia ai nazisti", era la base di un'unità top-secret di operazioni segrete del Dipartimento di Giustizia, e che era l'OSI il vero responsabile del furto del software PROMIS di INSLAW. In una memoria datata 14 febbraio 1994, l'avvocato dell'INSLAW, l'ex procuratore generale degli Stati Uniti Richardson, ha formulato le seguenti sciocanti accuse: Il Programma per i criminali di guerra nazisti è... una copertura per il servizio segreto di intelligence del Dipartimento di Giustizia, secondo le rivelazioni fatte recentemente all'INSLAW da diversi alti funzionari del Dipartimento di Giustizia.

Una delle missioni non dichiarate di questo servizio segreto era la distribuzione illegale della versione proprietaria di PROMIS, secondo le informazioni fornite da fonti affidabili con legami con la comunità dell'intelligence statunitense.

INSLAW ha anche ottenuto una copia di un documento informatico del Dipartimento di Giustizia di 27 pagine intitolato "Criminal Division Vendor List". La lista è in realtà un elenco di organizzazioni commerciali e di individui che servono come "tagliatori" per questa agenzia segreta di intelligence del Dipartimento di Giustizia....

L'agenzia segreta di intelligence del Dipartimento di Giustizia ha anche una propria società "proprietaria" che impiega decine di agenti di varie nazionalità, oltre a persone che sembrano essere normali dipendenti di vari dipartimenti e agenzie governative statunitensi o membri delle forze armate degli Stati Uniti, secondo diverse fonti.

La memoria di Richardson contiene anche la sorprendente affermazione che le prove suggeriscono che l'investigatore dell'INSLAW Danny Casolaro è stato ucciso da questa unità segreta del Ministero della Giustizia all'interno dell'OSI.

Poiché non è un segreto che l'OSI lavori da anni a stretto contatto con i servizi segreti israeliani, è logico concludere che l'OSI e l'unità segreta del Ministero della Giustizia all'interno dell'OSI agiscano effettivamente come agenti del Mossad.

Le ramificazioni sono immense, anche perché sono stati lo stesso Dipartimento di Giustizia e funzionari chiave del Dipartimento di Giustizia - uno dei quali è stato poi promosso a giudice federale per la bancarotta - a permettere che questa cospirazione sionista (e non c'è altra parola per definirla) avesse luogo.

In effetti, il giudice fallimentare in questione, S. Martin Teel - non si sa se egli stesso sia ebreo - è stato l'unico responsabile della chiusura di *The Spotlight*, l'unico settimanale nazionale indipendente che aveva denunciato l'affare INSLAW praticamente dall'inizio.

Il 27 giugno 2001, Teel, che all'epoca presiedeva la procedura fallimentare avviata dall'editore di *The Spotlight*, Liberty Lobby, esercitò il suo potere arbitrario e ordinò al settimanale populista di continuare le pubblicazioni, distruggendo così il settimanale, un tempo vivace.

Sebbene Teel fosse l'unico giudice fallimentare della giurisdizione di Washington, non avrebbe mai dovuto essere autorizzato ad esaminare la bancarotta federale della Liberty Lobby. Aveva chiaramente un palese conflitto di interessi e un vero e proprio rancore nei confronti dell'istituzione populista e del suo giornale settimanale. È così che non solo l'INSLAW è stato messo in ginocchio, ma anche *The Spotlight*, che, come l'INSLAW, era caduto vittima dei perniciosi intrighi del Mossad israeliano e dei suoi alleati a Washington.

Con questo non si vuole dire, ovviamente, che tutta la corruzione possa essere attribuita esclusivamente a fonti ebraiche - tutt'altro! Ma il fatto è che la corruzione ebraica (nelle alte sfere e nel processo politico americano) è esistita nella nostra storia, ma i media e i libri di storia hanno svolto un ruolo importante nel sopprimere la consapevolezza pubblica di questo fenomeno.

Le radici del caso INSLAW indicano l'immenso potere del movimento sionista, dimostrando che anche i tribunali e il sistema della cosiddetta "giustizia" negli Stati Uniti sono interamente nelle mani di coloro che regnano sovrani in America, la Nuova Gerusalemme.

In questo contesto, vale la pena di esaminare alcune delle famiglie ebraiche più importanti e potenti d'America, in particolare quelle che esercitano una notevole influenza sui media americani e che, di conseguenza, hanno il potere di plasmare la percezione della storia e dell'attualità da parte del pubblico e, di conseguenza, di orientare il corso del processo politico americano. Quindi andiamo avanti.

La banda Bronfman

La famiglia reale degli ebrei americani Sam e Edgar Bronfman: padrini di Al Capone e John McCain

Descritta come "i Rothschild del Nuovo Mondo", la famiglia Bronfman - anche se ufficialmente ha sede in Canada - è certamente la proverbiale "famiglia reale" dell'establishment ebraico americano, poiché la sua influenza è saldamente radicata negli Stati Uniti, da New York a Hollywood e tutto il resto.

La famiglia Bronfman ha annoverato tra i suoi mecenati diretti e indiretti molti personaggi potenti e famosi, da Al Capone al senatore americano John McCain (R-Ariz.).

Sebbene sia nota soprattutto per il controllo dell'impero dei liquori Seagram, la famiglia controlla molto, molto di più. Per certi versi, essi incarnano la "storia di successo ebraica definitiva". Rappresentano praticamente tutto ciò che c'è di veramente sbagliato - nel senso classico del termine - nel potere e nell'influenza ebraica in America. Anche se tecnicamente non sono la famiglia ebraica più ricca d'America - ce ne sono altre molto, molto più ricche - i Bronfman hanno un certo livello di influenza e di rilievo che poche altre famiglie possono vantare. Dopo tutto, Edgar Bronfman, il patriarca in carica della famiglia, è stato a lungo a capo del Congresso ebraico mondiale.

Ed è un titolo che ha un certo peso.

Già nel 1978, il biografo della famiglia Bronfman Peter Newman stimava, in *The Bronfman Dynasty,* che il patrimonio totale detenuto dai vari rami della famiglia ammontava a circa 7 miliardi di dollari. Egli citava la rivista *Fortune,* che all'epoca affermava: "La fortuna dei Bronfman rivaleggia con quella di tutte le famiglie nordamericane, tranne una manciata, alcune delle quali hanno acquisito il loro potere nel XIX secolo, quando le tasse non incidevano sulla ricchezza più di quanto non facessero le scatole povere". Da allora, naturalmente, i Bronfman hanno aumentato la loro ricchezza e la loro influenza è cresciuta in proporzione.

In origine, si dice, il clan Bronfman è immigrato in Canada sotto la sponsorizzazione - come molti altri - delle varie associazioni di beneficenza ebraiche che fanno capo alla famiglia europea Rothschild, la grande casa finanziaria che regna dietro le quinte da generazioni.

Tuttavia, l'impero Bronfman come lo conosciamo oggi è stato fondato da Sam Bronfman, un uomo d'affari dal carattere duro e spregiudicato che, con i suoi fratelli, ha guadagnato milioni nel commercio di liquori e molti altri milioni spedendo i suoi liquori negli Stati Uniti, dove venivano consumati illegalmente durante il Proibizionismo. Di conseguenza, la famiglia strinse presto legami con il sindacato criminale americano gestito congiuntamente da Meyer Lansky, ebreo di origine russa con sede a New York, e dai suoi soci italiani, Charles "Lucky" Luciano e Frank Costello.

In effetti - e questo è probabilmente un piccolo sporco segreto che è meglio tenere nascosto - non c'è quasi città di confine nelle regioni settentrionali degli Stati Uniti - dal Maine allo Stato di Washington - in cui non si trovino piccole fortune familiari accumulate da residenti che facevano parte del giro di contrabbando di alcolici Bronfman-Lansky.

E nelle grandi città, un "legame" con la rete Lansky-Bronfman era un "must" per chiunque volesse avere successo. La verità è che persino il principe del crimine italo-americano di Chicago, Al Capone, dovette la sua ascesa al potere alla relazione con Bronfman - un altro fatto poco noto che è stato ampiamente oscurato.

Per tutto il clamore suscitato dal presunto "dominio" di Capone su Chicago, egli non controllò mai più di un quarto dei racket della Windy City. Inoltre, come ha sottolineato il famoso scrittore indipendente di cronaca nera Hank Messick nel suo classico studio *Secret File* (G. P. Putnam's Sons, 1969), Capone - per quanto potente e ricco - non ha mai avuto un titolo più alto di "capo" (o "capitano") - leader di una banda di dieci persone - nei ranghi della rete criminale italo-americana ufficialmente organizzata di Chicago.

Un altro punto spesso dimenticato nella leggenda della "Mafia" è che Capone fu in realtà autorizzato a diventare un membro ufficiale della Mafia solo dopo che i boss del crimine italo-americano a Chicago allentarono le regole di adesione alla Mafia per permettere a selezionati non siciliani come Capone (che era nato a Napoli, sulla terraferma italiana) di entrare a farne parte.

In realtà, Capone rispondeva dietro le quinte a leader molto più importanti e segreti che risiedevano "a est", parte del gruppo "d'élite" che circondava il boss del crimine ebreo Meyer Lansky, nato in Russia e residente a New York (che alla fine trasferì le sue operazioni a Miami e, per un breve periodo molti anni dopo, in Israele).

Fu il gruppo di Lansky, che comprendeva il suo socio ebreo Benjamin "Bugsy" Siegel e i suoi soci di origine italiana Costello e il leggendario Luciano, a mandare Capone (un lontano cugino di Luciano) a Chicago.

Nella loro notevole biografia di Lansky, *Meyer Lansky: Mogul of the Mob* (Paddington Press, 1979), scritta in collaborazione con Lansky, gli scrittori israeliani Dennis Eisenberg, Uri Dan ed Eli Landau colmano alcuni degli elementi mancanti lasciati dai biografi di Capone.

Lo stesso Lansky disse ai suoi biografi israeliani che "fu Bugsy Siegel a conoscerlo bene quando Capone viveva e lavorava nel Lower East Side.... [Era un amico abbastanza intimo di Capone da nasconderlo presso una delle sue zie" quando Capone finì nei guai per omicidio.

Per tenerlo fuori dalla linea di tiro delle forze dell'ordine, Lansky e soci mandarono il giovane Capone a Chicago per giocare d'anticipo con la banda di Johnny Torrio, un altro ex newyorkese che era "andato a ovest" e stava cercando di detronizzare il suo stesso zio, il vecchio gangster "Big Jim" Colosimo, come capo della mafia italo-americana di Chicago.

Torrio era essenzialmente lo scagnozzo di Lansky a Chicago e Capone salì rapidamente di grado fino a diventare il braccio destro di Torrio.

Hank Messick scrive che il posizionamento di Capone "ha fatto piacere" agli uomini di Lansky "perché Capone era davvero il loro uomo". Anche se Capone alla fine divenne il padrone di se stesso a Chicago, gestendo decine di racket e operazioni criminali, la sua lealtà verso gli amici di New York era così salda che Lansky e [Luciano] sapevano di poter sempre contare su di lui".

Va inoltre notato che Torrio, l'immediato "capo" di Capone a Chicago, era anche il contatto di Chicago per gli interessi dell'impero Bronfman con sede in Canada, che spediva i suoi prodotti legali oltre il confine per il consumo illegale da parte dei bevitori americani dell'era del proibizionismo. Sam Bronfman e la sua famiglia lavorarono a stretto contatto con il sindacato di Lansky fin dall'inizio. Il legame Torrio-Capone ha quindi chiuso il cerchio.

Nel frattempo, il boss di Chicago Colosimo non fa nulla per accattivarsi il favore di Bronfman, Lansky e Siegel, che descrive come "sporchi ebrei".

Colosimo disse che non riusciva a capire perché Luciano avesse rapporti così stretti con Lansky e Siegel, affermando: "A volte ho il sospetto che debba avere sangue ebreo nelle vene", un sospetto che, alla luce del destino successivo di Luciano, come vedremo, è altamente improbabile.

Inoltre, Colosimo ha dichiarato che "non c'era futuro nel contrabbando" e ha mostrato scarso interesse nel frequentare la riserva di alcolici dei Bronfman.

Colosimo voleva concentrarsi su droga, prostituzione e usura. Il suo boicottaggio di Bronfman ridusse i profitti del sindacato di Lansky.

Inutile dire che quando arrivò il momento, Lansky (attraverso Torrio e Capone) diede la caccia a Colosimo, che fu ucciso da un gangster ebreo di New York mandato a fare il lavoro. Al sontuoso funerale di Colosimo, la corona di fiori più grande recava un biglietto che recitava: "Dai giovani ebrei addolorati": "Dai giovani ebrei addolorati di New York". In breve tempo, l'alcol dei Bronfman si riversò a Chicago, grazie allo scagnozzo di Lansky, Torrio, e al suo braccio destro, Capone, che presto sarebbe diventato la figura "mafiosa" preferita dai media.

Quindi, se guardiamo alle forze che stanno dietro al più famoso gangster italo-americano del XX secolo, vediamo che le sue radici sono profonde nel campo dei Bronfman (e dei sionisti). E questa è già di per sé una notizia.

L'attuale capo della famiglia Bronfman è Edgar Bronfman che, oltre alle sue numerose imprese commerciali internazionali, è anche il presidente di lunga data del World Jewish Congress, una posizione dalla quale esercita una notevole influenza politica.

Bronfman, naturalmente, è stato il principale protagonista del recente (e tuttora in corso) tentativo di estorcere miliardi di dollari alle banche svizzere per il loro presunto coinvolgimento nel riciclaggio dell'"oro ebraico" presumibilmente rubato dai nazisti e per la confisca delle ricchezze di alcuni individui ebrei in Europa che avevano nascosto le loro ingenti fortune nelle banche svizzere prima della Seconda Guerra Mondiale.

La questione di come sia stata accumulata questa immensa ricchezza non è mai stata spiegata dai media, anche se il coinvolgimento della famiglia Bronfman nella controversia potrebbe fornire una parte della chiave.

Sappiamo che i Bronfman hanno acquisito gran parte della loro fortuna iniziale, prima della Seconda Guerra Mondiale, nel commercio illegale di alcolici, in collaborazione con il criminale americano Meyer Lansky, le cui attività si estendevano ben oltre le coste americane.

È inoltre noto che Lansky era una delle figure chiave del sindacato criminale nell'uso di conti bancari svizzeri per depositare e riciclare i proventi del crimine. È quindi molto probabile che molte delle persone arrestate e i cui conti bancari sono stati sequestrati fossero in realtà agenti del sindacato Lansky-Bronfman e quindi impegnati in attività criminali.

Il figlio di Bronfman, Edgar Jr, potrebbe essere potente quanto il padre, anche se da una prospettiva diversa. Il giovane Bronfman ha assunto il controllo degli Universal Studios e di tutte le filiali di intrattenimento collegate che ora fanno parte dell'impero Bronfman. Edgar Jr. è uno dei principali attori di Hollywood e della produzione musicale e cinematografica, e si dice che abbia mandato all'aria un importante investimento di famiglia quando ha legato la famiglia alla società francese Vivendi, ma nessun membro della famiglia Bronfman è stato visto chiedere l'elemosina per le strade di New York, Beverly Hills o Montreal al momento in cui scriviamo.

Seagrams è costantemente tra i maggiori finanziatori politici di entrambi i principali partiti politici americani. Questo dato è di per sé interessante, perché quando, durante la campagna presidenziale del 1996, Bill Clinton attaccò il suo avversario del Partito Repubblicano, Bob Dole, per aver accettato contributi dall'industria del tabacco, il fatto che entrambi i principali partiti ricevessero sostanziali contributi dall'industria dell'alcol - in particolare dall'impero dei Bronfman - sembra essere passato ampiamente inosservato.

Un'istituzione "americana" eminente come Du Pont, ad esempio, è passata sotto il controllo dei Bronfman. Nel 1981, la Du Pont, all'epoca la settima azienda più grande degli Stati Uniti, fu presa di mira dalla famiglia Bronfman per essere acquistata. In realtà, a quel punto i Bronfman possedevano già il 20% di Du Pont - una quota di per sé sostanziale, perché nel mondo degli affari anche una partecipazione di appena il 3% nelle azioni di un'azienda dà al suo proprietario il controllo effettivo di quell'azienda. Sebbene il nome tradizionale americano di "Du Pont" continui a comparire sui documenti dell'azienda e sui prodotti Du Pont venduti ai consumatori americani, il vero potere dietro le quinte è quello dell'impero Bronfman.

In realtà, la famiglia Du Pont - pur essendo ancora molto ricca, avendo accumulato le proprie risorse finanziarie nel corso di diverse generazioni - aveva poca influenza all'interno dell'azienda che portava il nome della famiglia. Alla fine, i Bronfman vendettero ufficialmente la loro partecipazione in Du Pont, ma utilizzarono le loro risorse per estendere la loro ricchezza e i loro tentacoli altrove.

Oggi i Bronfman sono parte integrante dell'establishment plutocratico, non solo negli Stati Uniti, ma in tutto il mondo.

Le altre partecipazioni di Bronfman nel corso degli anni includono aziende tradizionalmente "americane" come : Campbell Soup, Schlitz Brewing, Colgate-Palmolive, Kellog, Nabisco, Norton Simon, Quaker Oats, Paramount Pictures e Warrington Products (che produceva stivali Kodiak e scarpe Hush Puppies).

Inoltre, i Bronfman possedevano anche una partecipazione nella Ernest W. Hahn Company (che allora gestiva 27 centri commerciali regionali in California e progettava di aprirne altri 29) e nella Trizec Corp, una delle maggiori società di sviluppo immobiliare del Nord America.

I Bronfman possiedono anche notevoli attività in luoghi "inaspettati" e "fuori dai sentieri battuti". Ad esempio, la Cadillac Fairview, controllata dai Bronfman, che sviluppa proprietà commerciali in affitto, ha sviluppato un centro commerciale a Hickory, nella Carolina del Nord, e (nel 1978) era in procinto di crearne altri due. Un'altra impresa di Bronfman è lo Shannon Mall di Atlanta e la Galleria di Westchester, New York. Inoltre, una filiale di Bronfman detiene opzioni per lo sviluppo di un centro commerciale nel Mississippi e di un altro nel Connecticut.

Le società Bronfman controllavano anche parchi industriali a Los Angeles e dintorni, torri per uffici a Denver e San Francisco e complessi residenziali in Nevada, California e Florida. I Bronfman hanno inoltre assunto il controllo del capitale azionario della General Homes Consolidated Cos. Inc. con sede a Houston, che costruisce case e sviluppa terreni e le cui attività si estendono fino al Mississippi e all'Alabama.

Per molti anni la famiglia - anche se non è noto - ha posseduto grandi appezzamenti di terreno nei sobborghi della Virginia che circondano Washington, DC, terreni redditizi che negli ultimi anni la famiglia ha ceduto con grande profitto.

Come promemoria, le varie partecipazioni della famiglia Bronfman negli Stati Uniti qui elencate non sono assolutamente una panoramica del loro portafoglio. E nessuna di queste riflette anche solo una minima parte delle partecipazioni della famiglia Bronfman in Canada.

Tutto questo potere finanziario costituisce anche un significativo potere politico nei vari Stati e località in cui si è stabilita l'influenza dei Bronfman.

A questo proposito, è particolarmente interessante l'influenza nascosta della famiglia Bronfman nello Stato dell'Arizona, un avamposto considerato nella mente della maggior parte degli americani come un paradiso di cowboy, cactus e ampi spazi aperti , un bastione conservatore libero dalla corruzione e dagli intrighi che si trovano nelle grandi città come New York, Miami, Chicago e Los Angeles. In realtà, l'Arizona si colloca tra le grandi capitali del crimine e questo status così sgradevole è direttamente collegato all'influenza della famiglia Bronfman in Arizona.

L'influenza della famiglia Bronfman in Arizona è così forte che si può dire che i Bronfman siano niente meno che i "padrini" della carriera politica del più noto "riformatore" americano, il senatore dell'Arizona John McCain. Ecco la storia:

Nel 1976, Don Bolles, un giornalista impegnato di Phoenix, fu assassinato da un'autobomba dopo aver scritto una serie di articoli che denunciavano i legami con la criminalità organizzata di numerose personalità dell'Arizona, tra cui Jim Hensley.

Cinque anni dopo, "Honest John" McCain arrivò in Arizona come nuovo marito della figlia degli Hensley, Cindy. "Dal momento in cui McCain è sbarcato a Phoenix, gli Hensley sono stati i principali sponsor della sua carriera politica", secondo Charles Lewis del Center for Public Integrity. Ma il fatto è che le persone dietro la fortuna degli Hensley sono ancora più interessanti e controverse.

Mentre è noto che il suocero di McCain è il proprietario del più grande distributore di birra Anheuser-Busch dell'Arizona - uno dei più grandi distributori di birra del Paese - i media mainstream non hanno detto nulla sulle origini della fortuna di Hensley che ha finanziato l'ascesa al potere di McCain. La fortuna di Hensley non è altro che una propaggine regionale dell'impero del contrabbando e del racket della dinastia Bronfman.

Il suocero di McCain ha iniziato come tirapiedi di un certo Kemper Marley che, per circa quarant'anni fino alla sua morte nel 1990 all'età di 84 anni, è stato l'indiscusso boss politico dell'Arizona dietro le quinte. Ma Marley era molto più di una macchina politica. Infatti, era anche l'uomo forte del sindacato criminale di Lansky in Arizona, il protetto dell'affittuario di Lansky, il giocatore d'azzardo di Phoenix Gus Greenbaum.

Nel 1941, Greenbaum aveva fondato la Transamerica Publishing and News Service, che gestiva un'agenzia di stampa nazionale per gli allibratori. Nel 1946, Greenbaum passò le operazioni quotidiane a Marley, mentre Greenbaum si concentrò sulla costruzione di casinò gestiti da Lansky a Las Vegas, facendo il pendolare dalla sua casa di Phoenix. In effetti, Greenbaum era parte integrante dell'impero di Lansky, tanto che fu lui ad occuparsi degli interessi di Lansky a Las Vegas nel 1947, dopo che Lansky ordinò l'esecuzione del suo amico di lunga data, Benjamin "Bugsy" Siegel, per aver sottratto i profitti della mafia dal nuovo casinò Flamingo.

Greenbaum e sua moglie furono assassinati dalla mafia nel 1948, sgozzati. L'omicidio scatenò una serie di guerre tra bande a Phoenix, ma Marley sopravvisse e prosperò.

Durante questo periodo, Marley stabilì un monopolio sulla distribuzione di alcolici in Arizona. Secondo Al Lizanitz, responsabile delle pubbliche relazioni di Marley, fu la famiglia Bronfman a far entrare Marley nel business degli alcolici. Nel 1948, circa 52 dipendenti di Marley (tra cui Jim Hensley) furono incarcerati per violazioni della legge federale sugli alcolici, ma non Marley.

In Arizona si dice che Hensley si sia spacciato per Marley e che, una volta uscito di prigione, Marley abbia ripagato la sua fedeltà inserendolo nel settore della distribuzione della birra. Oggi questa società di distribuzione di birra, che si dice abbia un valore di circa 200 milioni di dollari, ha ampiamente finanziato la carriera politica di John McCain. Il sostegno della rete Bronfman-Marley-Hensley ha giocato un ruolo fondamentale nell'ascesa al potere di McCain.

Ma non è tutto. Anche il suocero di McCain si occupava di corse di cani e ha accresciuto la fortuna della sua famiglia vendendo il suo ippodromo a qualcuno collegato alla società Emprise di Buffalo, gestita dalla famiglia Jacobs.

I Jacobs erano i principali distributori del liquore Bronfman contrabbandato negli Stati Uniti durante il proibizionismo e controllavano il "rubinetto" del liquore Bronfman nelle mani delle bande locali che facevano parte del sindacato Lansky. Cresciute nel corso degli anni, acquistando ippodromi e corse di cani e sviluppando concessioni di cibo e bevande negli stadi, le imprese della famiglia Jacobs sono state descritte come "probabilmente la più grande copertura quasi legittima per il riciclaggio di denaro della criminalità organizzata negli Stati Uniti".

Sebbene John McCain non possa essere ritenuto personalmente responsabile delle malefatte del suocero, resta il fatto che questo "riformatore" deve la sua fortuna politica e finanziaria alle grazie dei più grandi nomi della criminalità organizzata. Non sorprende quindi che oggi l'industria del gioco d'azzardo di Las Vegas sia uno dei principali beneficiari finanziari di McCain. Questa breve panoramica è solo la punta dell'iceberg, ma dice molto su McCain e sull'ambiente politico che lo ha generato, soprattutto alla luce della posizione di rilievo di McCain come uno dei principali portatori d'acqua di Israele al Congresso.

E alla luce del libro ampiamente diffuso di questo autore sull'assassinio del presidente John F. Kennedy, il libro *Giudizio Finale*, che sostiene che il servizio segreto israeliano, il Mossad, ha giocato un ruolo importante insieme alla CIA nell'assassinio del Presidente Kennedy, proprio a causa dell'ostinata opposizione di JFK al desiderio di Israele di costruire armi nucleari di distruzione di massa, vale la pena notare per la cronaca che le impronte digitali del ricco mecenate di Israele, Sam Bronfman, membro del sindacato Lansky, si trovano in tutta la cospirazione dell'assassinio di JFK.

Non solo lo scagnozzo di lunga data di Bronfman, Louis Bloomfield, era presidente della società Permindex sponsorizzata dal Mossad (che contava tra i suoi direttori nientemeno che l'uomo d'affari di New Orleans Clay Shaw, incriminato dall'ex procuratore di New Orleans Jim Garrison per il suo coinvolgimento nell'assassinio di JFK), ma nuove prove indicano che la figura del mafioso di Dallas Jack Ruby era in realtà sul libro paga di Bronfman, un piccolo dettaglio interessante in sé

Inoltre, mentre un altro socio dei Bronfman a Dallas, il petroliere Jack Crichton, si aggirava intorno alla vedova di Lee Harvey Oswald dopo l'assassinio di JFK, un altro funzionario dei Bronfman - il "super avvocato" John McCloy - sedeva nella Commissione Warren. McCloy era direttore - e Crichton vicepresidente - dell'Empire Trust, una società finanziaria in parte controllata dalla famiglia Bronfman.

E sebbene Sam Bronfman sia noto soprattutto per il suo impero degli alcolici Seagrams, ciò che molti ricercatori di JFK che puntano il dito contro i "baroni del petrolio texani" non notano è che Sam Bronfman era egli stesso un barone del petrolio texano, avendo acquistato la Texas Pacific Oil nel 1963. Già nel 1949, Allen Dulles, che sarebbe poi diventato il direttore della CIA licenziato da JFK e che fu anche membro della Commissione Warren, agì come avvocato negli affari privati della figlia di Bronfman, Phyllis.

Chi fosse interessato alla storia completa dovrebbe fare riferimento a *Giudizio Finale*, ora nella sua sesta edizione di 768 pagine completamente documentata. In ultima analisi, l'assassinio di JFK è senza dubbio l'evento centrale che ha permesso al potere sionista di raggiungere livelli senza precedenti nella vita americana come la conosciamo oggi.

In breve, i Bronfman non solo hanno il potere di creare presidenti americani, ma anche di distruggerli. E questo è vero potere. I Bronfman sono la "prima famiglia" - oseremo dire "la famiglia reale" - dell'establishment ebraico e sionista americano.

Intorno alla dinastia Bronfman gravitano, come satelliti, una vasta gamma di altre potenti famiglie sioniste che, a loro volta, hanno le loro famiglie satellite e i loro interessi finanziari.

Il caso di Mortimer Zuckerman, originariamente un operatore immobiliare di Boston, è un buon esempio di come funziona tutto questo.

Il successo iniziale di Zuckerman fu dovuto ai suoi legami commerciali con la famiglia Bronfman, che gli permisero di diventare un attore importante nella comunità sionista. Zuckerman è diventato proprietario di pubblicazioni come il prestigioso *Atlantic Monthly* e *U.S. News and World Report - due* importanti organi di informazione - e poi di testate meno prestigiose ma comunque influenti *come il New York Daily News*. Zuckerman è diventato infine presidente della Conference of Presidents of Major American Jewish Organizations, una posizione davvero influente.

In seguito, tuttavia, Zuckerman iniziò a "salassare" la comunità sionista con le proprie entrate e fornì aiuto e sostegno a un giovane e promettente immobiliarista e imprenditore di Washington D.C., Daniel Snyder, che nel giro di pochi anni fu in grado di accumulare capitali sufficienti per assumere il controllo della famosa squadra di football dei Washington Redskins, persino dal figlio del suo leggendario proprietario storico, Jack Kent Cooke. In definitiva, si può dire che Snyder sia un satellite di Zuckerman, che a sua volta è un satellite di Bronfman, la cui famiglia originariamente doveva il suo mecenatismo alle organizzazioni caritatevoli della famigerata famiglia europea Rothschild. È tutto molto circolare.

La verità è che le più potenti famiglie sioniste americane hanno lavorato a lungo in stretta collaborazione - in una forma o nell'altra - e nei documenti che seguono esaminiamo alcune delle più potenti di queste famiglie e gli interessi finanziari a cui sono associate.

Due giganti dei media

Gli imperi Meyer-Graham e Newhouse

Se la famiglia Bronfman è la "famiglia reale" all'interno della comunità sionista americana, ci sono certamente una manciata di altri che si avvicinano per ricchezza e potere.

Tuttavia, dato il ruolo essenziale che il controllo dei media svolge nel rafforzare il potere dell'élite sionista, sembra opportuno iniziare il nostro studio delle altre principali famiglie sioniste americane concentrandoci su due delle più importanti, il cui particolare peso deriva dalla loro immensa influenza su un'ampia gamma di mezzi di comunicazione cartacei e radiotelevisivi in tutti gli Stati Uniti.

Non ci riferiamo al più noto clan Sulzberger, che controlla l'impero mediatico *del New York Times*, famoso in tutto il mondo (alcuni direbbero "famigerato"), ma alla famiglia Meyer-Graham, famosa per il *Washington Post*, e alla famiglia Newhouse - considerata la 25esima famiglia più ricca degli Stati Uniti (secondo la classifica *Forbes* 400 del 2004) - che presiede un vasto impero mediatico che abbraccia città e comunità grandi e piccole.

Tuttavia, come importante digressione, vale la pena di notare con precisione quali sono i media che i Sulzberger controllano attraverso il loro impero *del New York Times*. Infatti, mentre il Times è certamente uno dei due giornali più potenti d'America, se non del mondo, l'impero mediatico *del Times* comprende molto di più del famoso quotidiano.

Ecco una breve panoramica dell'impero mediatico di Sulzberger, fermo restando che, come per tutti i fatti e le cifre qui citati, i dettagli cambiano continuamente con l'espansione generale degli imperi mediatici:

- *Il New York Times*
- *Dispaccio di Lexington (N.C.)*
- *Boston Globe*
- *Gainesville (Fla) Sun*

- Lakeland (Florida) Ledger
- Santa Barbara News-Press
- Spartanburg Herald-Journal (in inglese)
- Striscione di Ocala (Florida)
- Notizie da Tuscaloosa (Ala)

Oltre ad avere una partecipazione del 50% nell'*International Herald-Tribune*, la famiglia Sulzberger controlla anche il *New York Times* News Service, che fornisce storie a 650 giornali e riviste, oltre a un gran numero di stazioni radiotelevisive, tra cui :

- KFSM-TV, Fort Smith, Kan.
- WQEW (AM), N.Y.
- WHNT-TV, Huntsville, Ala.
- WQXR (FM), N.Y.
- WNEP-TV, Scranton, Pa.
- WQAD-TV, Moline, Ill.
- WREG-TV, Memphis, Tenn.
- WTKR-TV, Norfolk, Va.

E questo elenco non comprende le numerose riviste e altre società editoriali nelle mani di questo impero mediatico super-ricco.

Quindi, se i Sulzberger sono forse i più noti dell'élite mediatica sionista, anche l'influenza delle famiglie Meyer-Graham e Newhouse è considerevole e vale la pena di esaminarle proprio perché sono l'esempio di coloro che regnano sovrani in America - la nuova Gerusalemme.

L'IMPERO MEYER-GRAHAM...

Il 17 luglio 2001 è morta una figura leggendaria del monopolio mondiale dei media. Katharine Meyer Graham, a lungo editore del *Washington Post* e della rivista *Newsweek* e gran dama di un impero mediatico multimiliardario, è morta per una caduta a Sun Valley, nell'Idaho, pochi giorni prima. Al momento dell'incidente, la signora Graham - figura di lunga data del potente Gruppo Bilderberg - e una schiera di altri luminari dell'élite plutocratica dei media stavano partecipando a un incontro di alto livello che si tiene annualmente a Sun Valley e che - almeno fino all'incidente della signora Graham - aveva ricevuto poca o nessuna pubblicità da parte della stampa mainstream controllata dagli intermediari mediatici dell'élite che partecipano al raduno.

Sebbene non vi siano prove che la morte della signora Graham, all'età di 83 anni, non sia stata altro che un incidente, rimangono interrogativi sul presunto "suicidio" del marito, Philip Graham, che l'aveva preceduta alla guida dell'impero *Post*. In realtà, la morte di Graham ha fatto bene a molte persone, compresa la signora Graham, e ha risparmiato a molti un grande dolore.

Sebbene il monopolio dei media abbia dedicato molte colonne all'elogio della signora Graham, la storia completa della morte del marito è stata ampiamente ignorata, se non per ritrarla come una semplice casalinga che ha raggiunto una posizione di potere nonostante la tragedia. È necessario fare un po' di storia per capire perché si sia ritenuto necessario inscenare il "suicidio" di Philip Graham.

Figlia del truffatore di Wall Street e grande finanziatore sionista Eugene Meyer, che acquistò il *Washington Post* nel 1933 - poco dopo essersi dimesso da governatore della Federal Reserve - Katharine Meyer sposò nel 1940 Philip Graham, un ragazzo povero che divenne avvocato ad Harvard.

Sei anni dopo, dopo aver assunto la prima presidenza della nuova Banca Mondiale, nominata dal Presidente Harry Truman, Meyer nominò il genero editore e direttore del *Post*. Nel 1948, Meyer trasferì il controllo effettivo delle azioni del *Post* alla figlia e al marito.

Tuttavia, Katharine ricevette solo il 30% delle azioni. Il marito ricevette il 70% delle azioni, il cui acquisto era stato finanziato dal suocero che si fidava di Graham e riteneva semplicemente che nessun uomo dovesse avere l'onere di lavorare per la propria moglie.

Sotto la guida di Philip Graham, il *Post* fiorì e il suo impero si espanse, acquistando anche l'allora moribonda rivista Newsweek e altre proprietà mediatiche.

Dopo la creazione della CIA nel 1947, anche Graham strinse stretti legami con la CIA, al punto da essere descritto dalla scrittrice Deborah Davis come "uno degli architetti di quella che è diventata una pratica diffusa: l'uso e la manipolazione dei giornalisti da parte della CIA" - un progetto della CIA noto come Operazione Mockingbird. Secondo Deborah Davis, il legame con la CIA è stato parte integrante dell'ascesa al potere del *Post*: "In effetti, il *Post* è cresciuto scambiando informazioni con le agenzie di intelligence". In breve, Graham trasformò il *Post* in un canale di propaganda efficace e influente per la CIA.

Tuttavia, quando Eugene Meyer morì nel 1959, la frattura tra Graham, sua moglie e suo suocero, che era riluttante a cedere il suo impero a Graham, si allargò. L'editore del *Post* aveva preso un'amante, Robin Webb, che aveva installato in una grande casa a Washington e in una fattoria fuori città.

Bevitore incallito, si diceva che avesse tendenze maniaco-depressive. Per certi versi, Graham era il suo peggior nemico, violento nei confronti della moglie sia in privato che in pubblico.

Evan Thomas (giornalista *di Newsweek*) ha poi citato come prova dell'instabilità emotiva di Graham il fatto che egli (che non era ebreo) "faceva commenti antisemiti sui suoceri, sulla moglie e persino sui figli ". In questo contesto, non è passato inosservato il fatto che Graham sia stato per alcuni anni un amico molto stretto del Presidente John F. Kennedy, che nello stesso periodo era impegnato in un'aspra lotta con i leader della comunità ebraica americana che ritenevano che il Presidente non fosse sufficientemente favorevole agli interessi di Israele in Medio Oriente.

Deborah Davis, biografa di Katharine Graham, ha sottolineato nel suo libro *Katharine the Great* che anche Philip Graham aveva iniziato ad attaccare la CIA: "Dopo la sua seconda depressione, iniziò a parlare della manipolazione dei giornalisti da parte della CIA. Disse che la cosa lo infastidiva. Disse che la CIA.... Si rivolse a giornalisti e politici il cui codice era la fiducia reciproca e, stranamente, il silenzio. Si diceva che di Phil Graham non ci si poteva fidare".

In effetti, Graham era osservato da qualcuno: Davis ha notato che uno degli assistenti di Graham "registrava i suoi borbottii su pezzi di carta".

Alcuni hanno suggerito, tuttavia, che il leggendario "crollo mentale" di Graham, che si sviluppò negli anni successivi, fosse più una conseguenza dei trattamenti psichiatrici a cui fu sottoposto che di una qualsiasi malattia. Un autore ha ipotizzato che Graham fosse in realtà vittima degli ormai famosi esperimenti della CIA sull'uso di psicofarmaci.

Non c'è dubbio che la separazione di Graham abbia rappresentato un grande sconvolgimento sociale e politico a Washington, dato l'immenso potere del giornale d'élite e i suoi stretti legami con la CIA.

Nella sua biografia dell'amico di Graham e avvocato *del Washington Post* Edward Bennett Williams, il già citato Evan Thomas ha scritto che

La società di Georgetown si divise rapidamente tra 'Phil People' e 'Kay People'" e se "pubblicamente Williams era un Phil Person... come [Kay] scoprì in seguito, non aveva nulla da temere".

Graham sorprende Williams dichiarando che non solo intende divorziare da Katharine, ma che vuole riscrivere il suo testamento del 1957 e dare tutto ciò che "Kay" doveva ereditare alla sua amante, Robin Webb, privando così Katharine di quello che la maggior parte delle persone considera il suo diritto di nascita, che il padre di Katharine le aveva affidato.

Sebbene Williams continuasse a respingere la richiesta di divorzio di Graham, il testamento, come ammise Thomas, "era un affare più difficile". Nella primavera del 1963, Graham riscrisse il suo testamento del 1957 tre volte. Ciascuna delle revisioni effettuate da Graham nel 1963 ridusse la quota della moglie e aumentò quella destinata all'amante. Infine, l'ultima versione escludeva completamente Katharine Graham.

All'orizzonte si prospettava una lotta importante e spiacevole. Katharine ovviamente sapeva che c'era qualcosa sotto, perché, come riporta Deborah Davis, la Graham "disse al [proprio avvocato] Clark Clifford che l'accordo di divorzio le avrebbe dato il controllo esclusivo del *Washington Post* e di tutte le società del Post".

La situazione sfuggì di mano quando Philip partecipò a una convention di redattori di giornali in Arizona e tenne un discorso virulento attaccando la CIA e rivelando segreti insider sulla Washington ufficiale, rivelando persino la relazione del suo amico John Kennedy con Mary Meyer, moglie di un alto funzionario della CIA, Cord Meyer (nessuna parentela con Katharine Graham). Katharine volò a Phoenix e andò a prendere il marito che, dopo aver lottato, fu messo in una camicia di forza e sedato. È stato poi trasportato in una clinica psichiatrica esclusiva a Rockville, nel Maryland, un sobborgo di Washington.

La mattina del 3 agosto 1963, Katharine Graham avrebbe detto agli amici che Philip stava "meglio" e stava tornando a casa. Si recò alla clinica, prese il marito e lo accompagnò alla loro casa di campagna in Virginia. Più tardi, mentre "Kay" sonnecchiava nella sua camera da letto al secondo piano, il marito fu ucciso con un colpo di pistola in una vasca da bagno al piano terra. Sebbene il rapporto della polizia non sia mai stato reso pubblico, la morte fu dichiarata un suicidio. Deborah Davis ha descritto ciò che accadde in seguito: Durante il processo, l'avvocato di Katharine contestò la legalità delle ultime volontà e Edward Bennett Williams, che desiderava conservare il conto *del Post*, testimoniò che Phil non era sano di mente quando redasse per lui le ultime volontà. Di conseguenza, il giudice stabilì che Phil era morto intestato. Williams aiutò Katharine a prendere il controllo del *Post* senza grossi problemi legali e si assicurò che l'ultimo testamento, che lasciava il *Washington Post* a un'altra donna, non fosse mai reso pubblico.

Nella sua biografia critica della signora Graham, la Davis non ha mai suggerito che Philip sia stato assassinato, ma in alcune interviste ha affermato che "ci sono speculazioni sul fatto che [Katharine] abbia fatto in modo che venisse ucciso, o che qualcuno le abbia detto 'non preoccuparti, ce ne occuperemo noi'" e che "si ipotizza che possa essere stato Edward Bennett Williams".

Sotto la guida di Katharine Graham, *il Washington Post* divenne più potente che mai e, nel 1974, giocò un ruolo centrale nella distruzione di Richard Nixon, che era chiaramente percepito come un pericolo per la CIA e l'élite plutocratica.

Nel suo libro *Katharine the Great,* che la signora Graham si è impegnata a fondo per sopprimere, Deborah Davis potrebbe aver fornito la vera chiave per Watergate, sostenendo che la famosa fonte del *Post* sul Watergate - "Gola Profonda" - era quasi certamente Richard Ober, il braccio destro di James Angleton, il capo del controspionaggio della CIA e l'ufficiale di collegamento di lunga data del Mossad con Israele.

La signorina Davis ha rivelato che Ober era a capo di un ufficio congiunto di controspionaggio CIA-Israele creato da Angleton all'interno della Casa Bianca.

Da questa postazione di ascolto, Ober (su istruzioni di Angleton) fornì *al Post* informazioni privilegiate sul Watergate che contribuirono alla caduta dell'amministrazione Nixon.

Visti i precedenti di Katharine Graham e del suo impero *del Washington Post*, il comico Art Buchwald probabilmente non si è sbagliato quando ha detto all'élite di Washington riunita per celebrare il 70° compleanno della signora Graham: "C'è una parola che ci riunisce tutti qui stasera: "C'è una parola che ci riunisce tutti qui stasera. E quella parola è paura".

Di seguito viene presentata una panoramica delle enormi proprietà dell'impero Meyer-Graham, a dimostrazione del fatto che questa ricca famiglia ha una grande influenza sui media di questo Paese.

- *Il Washington Post*

- *Newsweek*

- Partecipazione del 50% all'*International Herald Tribune*

- una partecipazione del 50% nel servizio stampa *Los Angles Times-Washington Post* (che fornisce informazioni ai giornali di tutto il paese)

- partecipazione del 28% in Cowles Media Co, editore *del Minneapolis-St. Paul Star-Tribune*

- The *Gazette* Newspapers (un quotidiano e 15 giornali comunitari settimanali nel Maryland)

- *L'edizione settimanale nazionale del Washington Post*

- LEGI-SLATE Inc (database online ed editoria legale)

- Post-Newsweek Cable (sistemi in 15 stati)

Inoltre, l'impero Meyer-Graham possedeva almeno sei società di radiodiffusione nelle principali città americane:

- KPRC-TV, Houston
- KSAT-TV, San Antonio
- WDIV-TV, Detroit
- WFSB, Hartford, Conn.
- WJXT-TV, Jacksonville, Florida.
- WPLG-TV, Miami

Tuttavia, anche un altro grande impero mediatico, quello della famiglia Newhouse, merita un'attenzione particolare, poiché il suo impero - forse anche più di quello della famiglia Meyer-Graham o della più augusta famiglia Sulzberger, famosa per il *New York Times* - si estende alle città più piccole degli Stati Uniti.

L'IMPERO NEWHOUSE...

La Pennsylvania centrale, ora un "feudo giornalistico" virtuale del monopolio mediatico newyorkese Newhouse - Advance Publications - gestito da S. I. "Si" Newhouse e dalla sua affiatata famiglia, che sono tra i veri signori dei media americani, è un esempio perfetto di come la famiglia Newhouse abbia consolidato il proprio potere. Il fondatore dell'impero mediatico, il defunto Sam Newhouse, una volta si vantò: "Ho appena comprato New Orleans", quando annunciò l'acquisto dell'influente quotidiano *Times-Picayune* nella Crescent City. È chiaro che questo atteggiamento della famiglia Newhouse è ancora attuale, poiché estende sempre più la sua presa sui media a livello nazionale.

Descritta da Stephen Birmingham nel suo libro del 1984, *The Rest of Us: The Rise of America's Eastern European Jews,* come "la seconda famiglia ebraica americana più ricca", la famiglia Newhouse ha recentemente assunto il controllo di quattro quotidiani settimanali in due contee della Pennsylvania, consolidando un monopolio virtuale della stampa nella regione della Pennsylvania centro-meridionale adiacente ad Harrisburg, la capitale dello Stato.

Non contenta di possedere l'influente *Patriot News,* l'unico quotidiano di Harrisburg che domina la copertura delle notizie nella zona centrale di Pennsylvania, la famiglia Newhouse ha appena acquistato la società Swank-Fowler, con sede a livello locale, che pubblica *The Perry County Time* s, *The Duncannon Record* e *The News-Sun* nella Perry County, nonché *The Juniata Sentinel* (nella vicina Juniata County).

Annunciando la vendita, Robert Fowler, lo stimato direttore di Swank-Fowler, ha dichiarato di aver accettato di vendere a Newhouse perché "deciso a trattare solo con persone che hanno una comprovata esperienza nel fornire un giornalismo di qualità sotto controllo locale".

(Tra parentesi, va probabilmente notato che la piccola contea di Juniata è una virtuale roccaforte sionista. Il più grande datore di lavoro in questa piccola contea rurale è Empire Kosher Poultry, il più grande produttore kosher del mondo.

(Qualche anno fa, è scoppiato un piccolo scandalo quando si è scoperto che la Empire - che per anni aveva assunto un gran numero di dipendenti di origine straniera per lavorare nel suo stabilimento della contea - impiegava un numero significativo di immigrati clandestini, il che è ancora più ironico se si considera la lunga storia di disoccupazione relativamente elevata della contea rurale della Pennsylvania).

Purtroppo, ci sono forti sospetti che l'impero Newhouse - che controlla 26 giornali in 22 città, oltre a *Parade*, il supplemento settimanale domenicale che appare in molte altre pubblicazioni in tutto il Paese - sia stato usato in passato per promuovere gli interessi di interessi privati acquisiti.

Nel 1988, il giornalista Nicholas von Hoffman scrisse *Citizen Cohn*, una biografia del famigerato "avvocato della mafia" e "faccendiere politico" Roy Cohn, che è meglio ricordato - almeno fino alla sua morte di alto profilo a causa dell'AIDS - come lo sgradito consigliere del senatore Joseph R. McCarthy.

Per anni, tuttavia, molti alleati di McCarthy sospettarono che Cohn fosse stato inserito nella cerchia ristretta di McCarthy per "controllare" il turbolento senatore e per impedire che le indagini di McCarthy si spingessero troppo in là e rivelassero le vere fonti del movimento comunista in America. In realtà, Cohn riuscì a mettere la museruola a McCarthy più di quanto molti pensino.

In ogni caso, nella sua biografia di Cohn, Von Hoffman ha rivelato che Cohn - amico di lunga data di "Si" Newhouse - usava spesso la sua associazione per influenzare i rapporti di Newhouse con la stampa, citando un collaboratore di Cohn:

Il legame di Cohn] con Si Newhouse era molto importante .... Roy una volta mi disse che... nelle città in cui c'era un giornale Newhouse, era l'unico giornale della città, il che significava che il direttore di quel giornale era molto influente. Quindi, se qualcuno aveva un problema in una città dove c'era un giornale Newhouse, Roy poteva andare da Si e Si poteva andare dall'editore, e c'era un membro importante della città che poteva fare un favore.

Secondo von Hoffman, il risultato delle manipolazioni di Cohn fu che: "Data la lunga associazione pubblica di Roy con il nome Newhouse, l'idea era di trasferire a Roy il potere politico che deriva da una tale ricchezza e dalla proprietà di tali proprietà mediatiche.

Von Hoffman ha anche rivelato che "quando Jesse Helms, il senatore repubblicano conservatore della Carolina del Nord, si trovò in una corsa serrata e costosa per la rielezione, chiese a Roy di invertire il flusso dei contributi ebraici per la campagna elettorale dal suo avversario a se stesso. Roy rispose che avrebbe organizzato un incontro con Si Newhouse".

Ciò indica che Newhouse è una figura chiave della potente lobby israeliana, che da tempo cerca di esercitare la propria influenza nell'arena politica americana, spesso a scapito degli interessi dell'America.

Molti osservatori politici ricorderanno come Helms abbia invertito la sua politica "America First" di lunga data per diventare un fervente sostenitore di Israele.

Von Hoffman è andato dietro le quinte per rivelare l'accordo stipulato con la lobby israeliana.

Il nome di Cohn è apparso anche in un altro contesto legato alla lobby di Israele e ai media americani.

Quando l'altro amico intimo di Cohn, William F. Buckley Jr, ex membro della CIA, citò in giudizio per diffamazione il settimanale nazionale populista *The Spotlight* - causa che si conclude con una clamorosa sconfitta per Buckley nella corte federale di Washington - durante il processo fu rivelato che Cohn aveva stretto un accordo segreto con l'Anti-Defamation League (ADL), una forza chiave della lobby israeliana, per conto di Buckley, al fine di garantire una buona distribuzione in edicola della rivista di Buckley, appena lanciata, *National Review*.

Ma non è tutto. L'avvocato newyorkese John Klotz ha scritto un interessante articolo sulla famiglia Newhouse per l'ormai defunta rivista *Spy* nel numero di marzo/aprile 1995.

L'autore ha iniziato il suo articolo ponendo una domanda provocatoria che da allora è stata ripresa da altri: "Newhouse ha una conoscenza colpevole dell'assassinio di Kennedy? Per più di 30 anni, Newhouse e il suo impero mediatico hanno giocato un ruolo unico nella controversia sugli eventi di Dealey Plaza".

L'articolo citava diversi casi in cui le pubblicazioni di Newhouse e le sue filiali, come Random House Publishing (da allora venduta da Newhouse), avevano avuto un ruolo nel reprimere le voci dissenzienti sulla possibilità di una cospirazione nell'assassinio di JFK.

In particolare, Klotz ha citato il tanto pubblicizzato libro di Gerald Posner *Case Closed*, che riprende la tesi della Commissione Warren secondo cui JFK fu ucciso da un assassino solitario. L'articolo si concludeva chiedendo: "Cosa ha motivato la devozione di Newhouse all'insabbiamento di Kennedy? Le domande dovrebbero essere: cosa sapeva Newhouse e quando lo sapeva? Questa affermazione sul ruolo di Newhouse nell'insabbiamento della verità sull'assassinio di JFK è interessante per almeno due motivi:

- Random House è nota per aver pubblicato diversi libri per conto della CIA, che è stata coinvolta - a ragione - nell'assassinio di Kennedy. Diversi libri "mainstream" responsabili parlano di come la CIA abbia segretamente collaborato con giornalisti e case editrici.

- Il già citato Cohn, collaboratore dell'impero Newhouse, era un investitore della società ombra Permindex (una copertura per l'agenzia di intelligence israeliana Mossad). Il procuratore distrettuale di New Orleans Jim Garrison indagò sul membro del consiglio di amministrazione della Permindex Clay Shaw per il suo coinvolgimento nell'assassinio di JFK. Durante questa indagine, Garrison fu attaccato dal quotidiano *New Orleans Times Picayune*, pubblicato dall'impero Newhouse.

In realtà, gli intrighi che circondano la famiglia Newhouse sono, per molti versi, un riflesso della realtà del ventre oscuro della politica americana. La "JFK Connection", tuttavia, è davvero intrigante.

Tutto questo fa parte della storia. Ciò che ha un impatto diretto sull'America di oggi è la vasta portata dell'impero editoriale Newhouse, il cui raggio d'azione nel cuore dell'America è forse superiore a quello di qualsiasi altro impero mediatico. Negli ultimi anni, il portafoglio di Newhouse ha incluso pubblicazioni quali:

GIORNALI NEWHOUSE :

Alabama

- *Notizie da Birmingham*
- *La stampa mobile*
- *Il registro della stampa mobile*
- *Il registro mobile*

Louisiana

- *Il New Orleans Times-Picayune*

Michigan

- *Notizie di Ann Arbor*
- *Il Flint Times*
- *La stampa di Grand Rapids*
- *Gazzetta di Kalamazoo*
- *Il notiziario di Saginaw*
- *Times* (Bay City)

Mississippi

- *Mississippi Press* (Pascagoula)
- *Mississippi Press Register* (Pascagoula) New Jersey
- *Giornale di Jersey* (Jersey City)
- *Star-Ledger* (Newark)
- *Times* (Trenton)

New York

- *Herald-American* (Syracuse)

Ohio

- *Plain-Dealer* (Cleveland)

Oregon

- *L'Oregonian*

Pennsylvania

- *Il Patriot-News* (Harrisburg)
- *La Sentinella di Juniata*
- *Perry County Times*
- *Il registro di Duncannon*
- *Il News-Sun* (Contea di Perry)

RIVISTE NEWHOUSE :

- *Giornali economici della città americana*
(28 settimanali economici locali)
- La rivista *Parade* (il famoso supplemento domenicale)
- *Allure*
- *Architettura Digest*
- *Bon Apetit*
- *Sposato*
- *Conde Nast Traveler*
- *Maggiori dettagli*
- *Glamour*
- *Gourmet*
- *GQ*
- *Signorina*
- *Vanity Fair*
- *Vogue*
- *Il New Yorker*

È chiaro che l'influenza della famiglia Newhouse è molto importante. È una delle famiglie sioniste più ricche e potenti d'America, e probabilmente una delle più conosciute.

Tuttavia, come vedremo, esiste un numero considerevole di altre famiglie ricche i cui nomi non sono altrettanto noti (al di fuori della comunità ebraica) ma che, di fatto, svolgono un ruolo importante nel plasmare la vita americana, nel bene e nel male. Nella lunga sezione che segue, faremo la conoscenza di queste straordinarie famiglie, molte delle quali forse appaiono per la prima volta nelle pagine di un libro come questo.

Le famiglie ebraiche più ricche e potenti d'America

Coloro che regnano sovrani

Le informazioni che seguono si basano in gran parte sui profili di circa 180 famiglie ebraiche nominate (e spesso collegate tra loro) pubblicati in un "numero speciale" (datato 1997-1998, vol. 21, n. 10) della rivista *Avenue* di New York - una rivista "mondana" poco diffusa al di fuori della cerchia di coloro che amano leggere le mode e le manie dell'élite dominante. Questo numero speciale, intitolato "Portraits of Family Achievement in the American Jewish Community" metteva in evidenza i nomi e le imprese delle famiglie ebraiche americane, concentrandosi su quelle che sono state attive nella comunità ebraica e nelle sue numerose iniziative filantropiche e politiche.

Vale la pena notare che esistono letteralmente centinaia, se non migliaia, di organizzazioni, fondazioni e altri enti della comunità ebraica, sia a livello locale che nazionale. Mentre una manciata di gruppi ebraici come l'American-Israel Public Affairs Committee (AIPAC) e l'Anti-Defamation League (ADL) del B'nai B'rith appaiono frequentemente nei media tradizionali, principalmente nel contesto delle notizie "politiche", ci sono molte altre entità di questo tipo che sono raramente menzionate se non nei giornali della comunità ebraica che, ovviamente, non sono una lettura "quotidiana" per l'americano medio.

Per quanto riguarda il termine "filantropico", come usato in questa sede, è usato in maniera piuttosto libera, perché la verità è che molte - se non la maggior parte - delle famiglie ebraiche sono in gran parte filantrope solo nei confronti di enti di beneficenza specificamente ebraici, anche se ci sono eccezioni.

L'elenco di *Avenue*, così come è stato presentato, non menziona le numerose associazioni di beneficenza, sia negli Stati Uniti (di orientamento ebraico e non ebraico) sia in Israele, che le famiglie citate hanno finanziato con grande successo. Abbiamo incluso queste informazioni solo quando una determinata famiglia era strettamente associata a una particolare "causa".

Va inoltre notato che la maggior parte delle famiglie menzionate sembra, dal rapporto di *Avenue*, aver creato una o più fondazioni di famiglia strettamente controllate, che utilizzano per sostenere una varietà di cause. La maggior parte di queste cause - ma non tutte - sono di natura ebraica e, molto spesso, legate allo Stato di Israele e a varie agenzie e istituzioni israeliane.

Va da sé, quindi, che i nomi qui elencati costituiscono i "più ricchi tra i ricchi" (e quindi i più potenti) dell'élite ebraica americana, ma questo non vuol dire che i nomi che compaiono qui costituiscano effettivamente un elenco ufficiale degli "ebrei più ricchi d'America". Tutt'altro

Ci sono molti altri imprenditori molto ricchi, per così dire, di origine ebraica, che non fanno notizia. Ci sono, ad esempio, molti ricchi criminali ebrei che preferiscono mantenere un basso profilo e non cercano di pubblicizzare se stessi o le loro donazioni a organizzazioni filantropiche ebraiche. A questo proposito, è altamente improbabile che la rivista *Avenue* sia disposta a rendere omaggio ai "successi" di un criminale ebreo. Pertanto, l'elenco compilato da *Avenue* è certamente incompleto da questo punto di vista.

Per essere corretti nei confronti dei molti milionari - e forse miliardari - ebrei americani che non sono stati onorati dalla lista di "successi familiari" di *Avenue* e che non sono necessariamente coinvolti in atti criminali, vale la pena notare che molti di loro hanno accumulato una grande ricchezza ma non hanno cercato il plauso pubblico, il riconoscimento delle riviste mondane o l'onore della propria comunità ebraica.

Quindi, ancora una volta, ci sono sicuramente molte, molte altre fortune ebraiche americane che non sono state menzionate nell'elenco compilato da *Avenue*. Ma l'elenco compilato da Avenue è davvero molto completo e, per quanto riguarda la registrazione dei principali attori - dal punto di vista finanziario - dell'"alta società" ebraica, l'elenco di *Avenue* è un documento prezioso (francamente, l'autore non ha mai visto nulla di così completo).

È probabilmente corretto affermare che, sebbene i nomi ebraici costituiscano una parte considerevole dell'elenco annuale *Forbes* 400 delle famiglie più ricche d'America, un elenco secondario di quelli che potrebbero essere chiamati "*Forbes* 800" - cioè un elenco che comprende il secondo gruppo di 400 famiglie ricche dopo le 400 famiglie più ricche originali - includerebbe senza dubbio praticamente tutti i nomi che compaiono nell'elenco della rivista *Avenue* riassunto in queste pagine.

Pertanto, sebbene gran parte della ricchezza ebraica sia accumulata ai vertici della scala, essa è ancora più significativa nel "milieu" molto più ampio delle famiglie ricche americane.

Per quanto riguarda la lista, notate questo: non vi troverete Henry Kissinger, per esempio. Certamente ricco, da qualsiasi punto di vista, certamente ebreo e certamente potente, la ricchezza e il potere di Kissinger sono sempre stati il risultato della sua evoluzione nella sfera dei ricchi e dei potenti. Kissinger è una figura politica e, in quanto tale, non è altro che un funzionario ben retribuito dell'élite ebraica americana e delle altre élite con cui essa interagisce per un guadagno comune.

La fama e i "successi" di Kissingers sono per molti versi una creazione dei media controllati dagli ebrei, ma a differenza di molti di quelli che compaiono nella lista della *Avenue*, egli non è uno dei proprietari dei media in quanto tale.

E forse questa è una distinzione sufficiente per non includere Kissinger. Sebbene Kissinger sieda in molti consigli di amministrazione di aziende - tra cui anche entità mediatiche - è sempre stato più un personaggio pubblico (che si dà il caso sia ebreo) che agisce come scagnozzo e facilitatore dei veri poteri dietro le quinte, piuttosto che essere un vero e proprio "movimentatore" a sé stante. Senza il patrocinio di potenti sponsor, Kissinger non sarebbe altro che un altro pittoresco e colorato accademico ebreo, come ce ne sono molti.

Inoltre, per il lettore, c'è un altro fattore che potrebbe essere preso in considerazione: l'ascesa di Henry Kissinger è avvenuta nell'ambito della famiglia Rockefeller, che (pur essendo forse di origine ebraica) ha sempre avuto le proprie agende in vari settori, e non sempre necessariamente in linea con gli interessi ebraici in quanto tali.

Per quanto riguarda la famiglia Rockefeller, va notato che non ci sono informazioni *solide* in ambito pubblico che indichino la loro origine ebraica, sebbene ci siano state molte speculazioni e voci per oltre un secolo. Contrariamente a quanto si crede, la "prova" spesso citata che "i Rockefeller sono ebrei" non è affatto una prova. La voce che i Rockefeller siano ebrei deriva dal fatto che lo scrittore Stephen Birmingham - nel suo libro del 1971 di Harper & Row, *The Grandees*, un profilo della storia dell'élite ebraica sefardita americana (discendente da famiglie ebree spagnole e portoghesi) - ha menzionato che il nome "Rockefeller" è stato trovato in un raro studio genealogico del 1960, *Americans of Jewish Descent* di Malcolm H. Stern.

Sebbene alcune fonti abbiano preso spunto da questa informazione e abbiano iniziato a far circolare la storia che questa è una "prova" che i Rockefeller sono di origine ebraica , un'attenta lettura dell'*intero* libro mostrerà che i Rockefeller che hanno sangue ebraico nelle vene discendono dalla linea di Godfrey Rockefeller che sposò una certa Helen Gratz, che era ebrea. I membri della loro famiglia e i loro eredi sono stati educati nella Chiesa episcopale e hanno avuto poco o nulla a che fare con gli affari ebraici o israeliani.

Godfrey Rockefeller apparteneva infatti a una linea separata della famiglia Rockefeller, discendente da uno dei fratelli di John D. Rockefeller, Sr. e cugino di secondo grado dei famosi fratelli Rockefeller - Nelson, David, Laurence e John D. III. Pertanto, qualsiasi traccia di sangue ebraico tra gli eredi di Godfrey non può essere attribuita al ramo più noto della famiglia Rockefeller.

Non è un grande piacere per questo autore distruggere il mito popolare secondo cui "i Rockefeller sono ebrei", ampiamente diffuso da molte persone benintenzionate, ma i fatti sull'origine di questa diceria parlano da soli. Con questo non si vuole ovviamente insinuare che non *ci* sia sangue ebraico nelle vene dei "famosi" fratelli Rockefeller, ma ogni accusa di questo tipo dovrebbe basarsi sui fatti, non sull'interpretazione errata di un riferimento passeggero in un libro.

Per quanto riguarda la famiglia Roosevelt, le informazioni ampiamente pubblicate suggeriscono che la famiglia Roosevelt aveva effettivamente antenati ebrei e che il cognome originario era "Rossocampo", un nome portato dagli ebrei sefarditi che erano tra quelli espulsi dalla Spagna nel 1620. Si dice che il nome sia stato poi cambiato quando i diversi rami della famiglia si sono stabiliti altrove in Europa. I discendenti dei membri della famiglia che risiedevano nei Paesi Bassi - che ovviamente si chiamavano Rosenvelt - emigrarono negli Stati Uniti e il nome si evolse infine nel nome

"Roosevelt" come lo conosciamo oggi. Nel frattempo, diverse generazioni sposarono dei non ebrei e, quando Franklin ed Eleanor Roosevelt - cugini che sarebbero diventati marito e moglie - divennero giovani e ricchi membri dell'élite americana, la famiglia abbandonò le pratiche religiose ebraiche.

Durante l'era Roosevelt, una carta genealogica della famiglia Roosevelt, ampiamente diffusa in Europa e negli Stati Uniti, sosteneva che il cognome originario fosse "van Rosenvelt" e che in seguito fosse stato cambiato in "Rosenvelt" e che un altro ceppo della famiglia ebraica - cioè la linea "Samuels" - fosse stato introdotto nella linea Roosevelt risultante. Per quanto questa informazione possa essere stata eccitante all'epoca per molti detrattori di FDR, la sua provenienza è a dir poco oscura, anche se molti volevano crederci.

Tuttavia, per una fonte forse più immediata di dati relativi a una possibile eredità ebraica nella famiglia Roosevelt - secondo una fonte ebraica - possiamo rivolgerci al numero del 5 febbraio 1982 del *London Jewish Chronicle* che conteneva un articolo intitolato "FDR 'had Jewish great-grandmother'". L'articolo, scritto da Leon Hadar, recitava come segue: Il defunto Presidente degli Stati Uniti Franklin Delano Roosevelt aveva una bisnonna ebrea, ha dichiarato la scorsa settimana Philip Slomovitz, editore del *Detroit Jewish News*, pubblicando una lettera inviatagli 45 anni fa dal defunto rabbino Steven Wise, ex presidente del Congresso ebraico mondiale.

Nella sua lettera, il rabbino Wise descrive un pranzo che sua moglie fece con la signora Eleanor Roosevelt, moglie del defunto presidente (e una sua lontana cugina), che disse: "Spesso io e la cugina Alice diciamo che il cervello della famiglia Roosevelt proviene dalla nostra bisnonna ebrea, il cui nome era Esther Levy: "Spesso io e la cugina Alice diciamo che il cervello della famiglia Roosevelt proviene dalla nostra bisnonna ebrea", il cui nome era Esther Levy.

La lettera aggiunge che la signora Roosevelt aveva detto a [Mrs. Wise] che "ogni volta che nostra cugina Alice o io nominiamo la nostra bisnonna ebrea, la madre di Franklin si arrabbia e dice: "Sai che non è così. Perché lo dici?". Secondo il rabbino Wise, la signora Roosevelt disse anche alla moglie: "Non devi usarlo. Penso che sia meglio lasciar perdere la questione ora".

In una lettera separata al signor Slomovitz, Franklin Roosevelt, di cui quest'anno si celebra il centesimo compleanno, scrisse che i suoi antenati "potevano essere ebrei, cattolici o protestanti". Il rabbino Wise, che era molto vicino al presidente Roosevelt, ha dichiarato che la sua lettera al signor Slomovitz era "strettamente privata e confidenziale".

L'editore ha mantenuto questa fiducia fino alla settimana scorsa, quando la lettera è stata pubblicata in un libro contenente una serie di suoi articoli. Una delle ironie di questa scoperta è che i nazisti presentarono Roosevelt come un ebreo, chiamandolo "ebreo Rosenfeld".

Quindi, mentre i nazisti potrebbero aver avuto ragione - ma, secondo , potrebbero non essersi basati su informazioni note solo ai Roosevelt stessi - vale la pena sottolineare che sia Franklin che Eleanor Roosevelt erano noti per fare dichiarazioni antiebraiche in privato, anche se erano chiaramente di origine ebraica.

Nonostante ciò, va da sé che entrambi divennero icone della visione del mondo ebraica. Tuttavia, questo fenomeno è sembrato affievolirsi negli ultimi anni del XX secolo e nei primi anni del XXI, in quanto aggressivi scrittori ebrei sostengono oggi che FDR - nonostante la sua sanguinosa guerra mondiale contro Hitler - "non ha fatto abbastanza per fermare l'Olocausto".

In ogni caso, vale la pena notare che l'autore ricorda di aver letto molti anni fa sulla rivista *American Heritage* che un ricercatore aveva trovato informazioni che suggerivano che gli antenati materni di FDR nella famiglia Delano erano di origine ebraica, un dettaglio interessante se si considera che la madre di FDR era nota per i suoi commenti antiebraici. L'autore sarebbe felice che un ricercatore trovasse queste preziose informazioni storiche nei vasti archivi di *American Heritage, a meno che non siano* state relegate nel buco della memoria orwelliana.

Si dirà sempre che individui e famiglie di spicco hanno "sangue ebraico", ma i nomi che compaiono nel seguente riepilogo sono indubbiamente ebrei e ne sono orgogliosi.

Sono un'élite americana a tutti gli effetti e sono certamente tra le famiglie ebraiche più ricche e potenti dell'America di oggi.

Questo elenco non è ovviamente né completo né esaustivo, ma ci auguriamo che possa essere un valido riferimento.

Si noti che, se non diversamente indicato, il materiale descrittivo che appare *tra virgolette* nel seguente elenco è una citazione DIRETTA del "Numero speciale di tributo - 1997/1998" della rivista *Avenue*.

Ecco le famiglie ebraiche più potenti d'America: alcune le conoscete già e altre le incontrerete per la prima volta. Sono davvero la "nuova élite":I governanti d'America - La nuova Gerusalemme....

ABISSO. Miami, Florida. Controlla la City National Bank of Florida. Tra i membri figurano Leonard Abess e Allan Abess, Jr.

ALTHEIM. New York City. Philip e Barbara Altheim controllano Forest Electric, una filiale di EMCOR e la più grande società di costruzioni elettriche del mondo. I loro figli e figlie sono Marc, Jill e Gary.

ANNENBERG. Filadelfia. A lungo guidata dal defunto Walter Annenberg, che è stato ambasciatore degli Stati Uniti in Inghilterra, nominato da Richard Nixon. Impero delle Triangle Publications. Pubblica *TV Guide* e il *Philadelphia Inquirer*.

ARRESTO. Miami. Theodore "Ted" Arison, di origine israeliana, ha fondato Carnival Cruise Lines. Il figlio di Ted, Micky, controlla ora l'impero di famiglia, che comprende la compagnia di crociere, gli hotel, i resort e la squadra di basket Miami Heat. Ted Arison è tornato in Israele.

ARNOW-WEILER. Boston. Jack Weiler, di origine russa, ha unito le forze con Benjamin Swig per lo sviluppo commerciale, rilevando sette milioni di metri quadrati. Sua figlia Joan, suo marito Robert Arnow e il loro figlio David gestiscono ora l'impero. Hanno un figlio, Noah.

BARNETT. Fort Worth, Texas. Ha gestito gli hotel Hilton in Israele. Louis Barnett e sua moglie Madlyn *(nata* Brachman, vedi BRACHMAN) hanno un figlio, Eliot, che si occupa dello sviluppo di centri commerciali. La famiglia è anche coinvolta nel settore immobiliare, farmaceutico e petrolifero. La famiglia finanzia il Barnett Institute of Biotechnology della Northeastern University.

BELFER. New York. Rifugiati dalla Polonia, Arthur e Rochelle Belfer fondarono la famiglia oggi guidata da Robert Belfer e dalle figlie Selma Ruben e Anita Saltz. Arthur Belfer era coinvolto nel settore del petrolio e del gas, che in seguito si è evoluto nella famigerata società Enron. Suo figlio Robert era un membro del comitato esecutivo di Enron, ma è sfuggito all'attenzione dei media.

BELZ. Memphis. La Belz Enterprises e il Peabody Hotel Group (Memphis) fanno parte del patrimonio familiare creato da Philip Belz, che si è dedicato al settore immobiliare e alla gestione. Il figlio Jack Belz e la moglie Marilyn gestiscono l'azienda di famiglia. La figlia Jan, sposata con Andrew Groveman, si sta affermando come membro attivo del movimento di emigrazione ebraica sovietica.

BELZBERG. Canada-New York-Israele. Sam Belzberg gestisce la Gibralter Capital. Moglie: Frances. Sua figlia Wendy (redattrice dell'influente giornale ebraico *Forward)* è sposata con Strauss Zelnick, direttore della BMG Records. Sua figlia Lisa è sposata con Matthew Bronfman (vedi BRONFMAN). La famiglia è uno dei finanziatori originali del Centro Simon Wiesenthal. Il loro ex rabbino, Marvin Heir, si è trasferito dal Canada a Los Angeles dove ha fondato il Centro.

BENARD-CUTLER. Boston. Con i suoi soci -heldon Adelson, Irwin Chafetz e Jordan Shapiro- Ted Benard-Cutler dirige il gruppo Interface, promotore di Comdex, una fiera mondiale per le industrie dei computer e delle comunicazioni. Comdex è stata venduta alla società giapponese Softbank nel 1995. Benard-Cutler e Chafetz gestiscono ora GWV International, che organizza tour nel New England. Benard-Cutler e sua moglie Joan hanno figli, Joel e Robert, e una figlia, Ellen Colmas.

BERNHEIM. New York. L'agente di cambio Leonard Bernheim è socialmente superato dalla moglie Elinor Kridel Bernheim, attiva negli affari ebraici a New York. I figli Charles e Leonard seguono le orme della madre.

BINSWANGER. Filadelfia. Isidore Binswanger è il fondatore del Maimonides College, il primo collegio rabbinico sulle coste americane. Suo figlio Frank ha creato una gigantesca società immobiliare internazionale con 20 uffici negli Stati Uniti e in Canada. È attivo anche in Giappone e in altri Paesi dell'Asia e dell'Europa. Frank Jr. e John Binswanger sono attivi nell'azienda di famiglia. Il figlio Robert dirige il Dartmouth College of Education.

NERO. New York. Leon Black è un ex amministratore delegato di Drexel Burnham Lambert e attualmente presidente di Apollo Advisors LP e della sua controllata Lion Advisor, LP. Sua moglie, Debra, svolge un ruolo importante negli affari ebraici.

BLAUSTEIN. Baltimora. Louis Blaustein iniziò vendendo paraffina, prima di fondare l'American Oil Company (AMOCO). Suo figlio ed erede Jacob è stato definito "il capo titolare della comunità ebraica americana" e ha svolto un ruolo importante nei primi anni delle Nazioni Unite. Le sorelle Fanny Thalheimer e Ruth Rosenberg. Altri membri della famiglia sono David Hirschhorn, Barbara Hirschhorn, Mary Jane Blaustein, Arthur Roswell, Elizabeth Roswell, Jeanne Blaustein Borko, Susan Blaustein Berlow.

BLOCCO. New York. Alexander Block fonda la Block Drugs, che produce Polident, Nytol e Sensodyne all'indirizzo . Il figlio Leonard, il nipote Thomas e la nipote Peggy Danziger (moglie di Richard Danziger) sono attivi nell'azienda di famiglia.

BLOOMBERG. New York. Eletto sindaco di New York nel 2001, Michael Bloomberg ha iniziato a lavorare alla Salomon Brothers prima di creare un impero multimediale che fornisce articoli ai giornali e una rete televisiva satellitare diretta a casa 24 ore al giorno.

BLUMENTHAL. Charlotte, Carolina del Nord. Herman Blumenthal dirige la Radiator Speciality Company, che produce circa 4.000 prodotti automobilistici. Lui e sua moglie Anita hanno tre figli, Alan, Philip e Samuel, che svolgono un ruolo attivo nelle attività dell'azienda e nelle attività "filantropiche" della famiglia.

BRACHMAN. Fort Worth. Il fondatore della famiglia, Leon Brachman, ha avviato un'attività di produzione di prodotti chimici e si è diversificato in Computerized Business Systems, che progetta programmi per piccole imprese. Suo figlio Marshall è associato all'American Israel Public Affairs Committee (AIPAC) di Washington. La figlia Wendy vive in Israele. Il membro della famiglia Madlyn si è sposato con la famiglia Barnett di Ft. Worth (vedi BARNETT).

BRAMAN. Miami. Norman Braman ha iniziato a Philadelphia dove ha creato i Keystone Discount Stores (38 negozi). Con la moglie Irma si è ritirato a Miami dove gestisce una catena di concessionari di auto. Ex proprietario dei Philadelphia Eagles.

BROAD. Los Angeles. Eli Broad ha fondato SunAmerica, Inc. una società di servizi finanziari. Co-proprietario dei Sacramento Kings, è anche noto come collezionista di arte contemporanea.

BUTTENWIESER. New York. Il defunto Benjamin Buttenwieser è stato socio dell'impero bancario Kuhn-Loeb e ha ricoperto il ruolo di vice-alto commissario degli Stati Uniti in Germania dopo la seconda guerra mondiale. Sua moglie, Helen, era un membro della famiglia bancaria Lehman Brothers. Il figlio Lawrence è socio dello studio legale Rosenman & Colin di New York. Il figlio Peter è stato preside di una scuola secondaria di Filadelfia ed è legato alle attività delle Fondazioni Ford e Danforth (non ebraiche). Il figlio Paul è psichiatra e romanziere a Belmont, Massachusetts.

CARDIN. La ricchezza del defunto marito di Shoshana Cardin, il magnate immobiliare Jerome Cardin, l'ha portata alla ribalta della comunità ebraica americana come prima donna presidente della Conference of Presidents of Major American Jewish Organizations e come presidente dello United Israel Appeal. Sua figlia Nina è stata una delle prime donne ad essere ammessa come rabbino conservatore. Suo figlio Sandy Cardin dirige la Fondazione Schusterman a Tulsa, Oklahoma.

CARTER. Si dice che Victor Carter si sia "specializzato nel risanamento di aziende in fallimento", ma è noto soprattutto per aver gestito United Way, City of Hope e Israel Bonds. Sua moglie Andrea è stata coinvolta nella Country Music Commission.

CHANIN. New York. I fratelli Irwin e Henry Chanin sono stati importanti immobiliaristi a New York all'inizio del XX secolo. Il figlio di Irwin, Marcy, e sua moglie Leona Feifer Chanin (prima vicepresidente dell'American Jewish Congress) hanno dei figli: due di loro sono avvocati, James Chanin di Oakland, California, e Ann Glazer di Los Angeles. Un'altra figlia, Nancy Sneider, vive a Boca Raton, in Florida. Il figlio di Irwin, Paul Chanin, vive ad Aspen, in Colorado, dove ha sede la fondazione di famiglia. Gestisce il famoso ristorante Pinon's come attività secondaria.

COHEN. New Orleans. Rosalie Palter Cohen, figlia del fondatore della Universal Furniture Leon Palter, è stata una figura importante della potente comunità ebraica della Crescent City.

CONE. Una grande famiglia ebrea del Sud (discendente dei primi 13 figli di Herman Cone) che divenne ricca grazie a Cone Mills, il più grande produttore di jeans del mondo.

CORWIN. Los Angeles. Bruce C. Corwin è presidente della Metropolitan Theatres Corporation, che possiede cinema e concessioni di popcorn. Finanziatori della "conservatrice" Pepperdine University, situata nell'elegante quartiere di Malibu.

CORONA. Chicago. Henry Crown, ora deceduto, era strettamente legato alla criminalità organizzata di Chicago e costruì un importante impero immobiliare basato sulla Material Service Corp, un'azienda di materiali da costruzione. Nel 1959, la famiglia assunse il controllo dell'appaltatore della difesa General Dynamics. La famiglia Crown ha svolto un ruolo importante nel finanziamento del programma segreto di sviluppo di armi nucleari di Israele. Il figlio Lester è ora il capo della famiglia. Il figlio Dan gestisce i cinema Crown.

CUMMINGS. Chicago. Nathan Cummings ha fondato il conglomerato di produzione alimentare meglio conosciuto per i prodotti "Sara Lee". I suoi tre figli e dieci nipoti portano avanti la fondazione di famiglia.

DAVIDSON. Detroit. William Davidson rileva l'azienda di parabrezza dello zio, che diventa Guardian Industries, il quinto produttore di vetro al mondo. Proprietario della squadra dei Detroit Pistons. Il William Davidson Institute, finanziato da Davidson presso la School of Business Administration dell'Università del Michigan, ha fatto breccia nelle economie di recente sviluppo dell'Europa orientale.

DEUTSCH. Santa Monica. Carl Deutsch gestisce i servizi immobiliari e di gestione della famiglia.

DURST. New York. Joseph Durst e i suoi tre figli, Seymour, David e Royal, nonché i suoi nipoti Douglas, Robert, Jonathan e Joshua, hanno sviluppato ampie aree della Third Avenue e del West Side di New York.

EISNER. Los Angeles. Michael Eisner ha organizzato la fusione tra Capital Cities, proprietaria della ABC e di altre proprietà. Ha assunto il controllo della Walt Disney Company nel 1984. Nipote del cofondatore della American Safety Razor Co.

EPPLER. Cleveland-Palm Beach. Heinz Eppler, di origine tedesca, ha rilevato Miller-Whol e ha fatto crescere l'azienda fino a 420 negozi di abbigliamento femminile, venduti nel 1984 a Petrie Stores Corporation. Suo figlio David ha sede a Washington.

EVERETT. Descritti come "investitori privati di successo", Henry ed Edith Everett sono attivi in varie filantropie ebraiche. Anche il figlio David è attivo negli affari ebraici.

FEINBERG. Chicago. Rueben Feinberg è presidente della Jefferson State Bank di Chicago.

FELDBERG. Boston. Sumner e Stanley Feinberg, cugini, hanno fondato i negozi T.J. Maxx (con oltre 500 punti vendita), Hit or Miss (con 500 punti vendita) e il catalogo Chadwick.

FELDMAN. Dallas. Jacob "Jake" Feldman, ora deceduto, ha fondato Commercial Metals, un'importante società quotata in borsa a New York. Suo figlio ed erede Robert era attivo nella comunità ebraica di Dallas.

FEUERSTEIN. Westport, Connecticut-Newport Beach, California-Los Angeles-New York City. Eredi di Aaron Feurstein, proprietario dell'impero tessile Malden Mills, che produceva tessuti Polartec da bottiglie di plastica riciclate. Il fratello di Aaron, Moses, era una figura di spicco dell'ebraismo ortodosso americano. Il figlio di Moses, Morty, è a capo della comunità ortodossa di Vancouver, in Canada.

FISHER. New York. Fondata da Zachary e Lawrence Fisher, è un'importante famiglia di promotori immobiliari di New York.

MAX FISHER. Detroit. Importante industriale petrolifero e personaggio chiave negli affari del Partito Repubblicano, Max Fisher ha una relazione d'affari di lunga data con Israele e l'intelligence israeliana. *La National Police Gazette* (dicembre 1974) lo descrive come uno dei potenti "uomini misteriosi" che hanno detto al politico repubblicano del Michigan Gerald Ford (futuro Presidente degli Stati Uniti) "cosa fare e quando farlo". (In *Final Judgment*, lo studio di questo autore sulla cospirazione per l'assassinio di JFK, abbiamo descritto il legame Ford-Fisher - e i legami di Fisher con l'intelligence israeliana - alla luce del ruolo di Ford nella Commissione Warren che apparentemente "indagava" sull'assassinio di JFK e del ruolo di Fisher nell'indagine sull'assassinio di JFK.

l'assassinio di JFK, ma che è servito effettivamente a nascondere il legame a lungo segreto tra Israele e l'assassinio del Presidente). FRIEDMAN. Mill Valley, California. Eleanor Friedman - una delle tante eredi dei miliardi di Levi Strauss - e suo marito, Jonathan Cohen, sono i fondatori del New Israel Fund, considerato una delle fondazioni "liberali" che sostengono cause di sinistra in Israele, tra cui i diritti delle donne, il pluralismo religioso e il miglioramento delle relazioni con i palestinesi cristiani e musulmani.

GERBER. Chicago. Max Gerber fondò la Gerber Plumbing Fixtures Company, oggi controllata dalla figlia Harriet Gerber Lewis e dai figli Alan e Ila.

GIDWITZ. Chicago. Gerald Gidwitz è presidente dell'azienda di prodotti per la cura della persona Helene Curtis. Suo figlio Ronald è presidente dell'azienda, che è stata acquistata da Unilever nel 1996. La famiglia possiede anche Continental Materials Corporation, che produce apparecchiature di riscaldamento e raffreddamento.

GODCHAUX. New Orleans. Eredi di Godchaux Sugar, un tempo il più grande produttore di zucchero della Louisiana, e dei famosi grandi magazzini Godchaux di New Orleans. I membri della famiglia sono sparsi in tutti gli Stati Uniti.

OR. Los Angeles. Stanley Gold gestisce la Shamrock Holdings, una società di investimenti diversificati associata agli eredi Disney. È uno dei principali investitori di Koor Industries, la più grande azienda industriale israeliana. Ha un figlio, Charles, e una figlia, Jennifer.

GOLDSMITH. New York. Diversi figli di Grace, moglie dell'agente di cambio Horace Goldsmith - James, William e Thomas Slaughter - controllano la fondazione creata grazie alla generosità di Goldsmith. Anche Richard e Robert Menschel, due banchieri della Goldman Sachs che sono cugini, sono coinvolti nelle attività della famiglia.

GOLDENBERG. Filadelfia. Eredi di una fortuna nel settore dei dolciumi e delle barrette di cioccolato, che produce le Goldenberg

Peanut Chew, l'unico prodotto dell'azienda. I membri della famiglia sono Carl, Ed e David.

GOTTSTEIN. Alaska. Barney Gottstein. Dirige la Carr Gottstein Foods, con sede ad Anchorage, la più grande azienda dell'Alaska, che si occupa di supermercati, alimentari all'ingrosso e immobili. È un ex vicepresidente nazionale dell'AIPAC, il gruppo di pressione israeliano, e ha fatto parte del Comitato nazionale democratico. Suo figlio Robert lavora a stretto contatto con l'evangelista cristiano pro-Israele Pat Robertson per promuovere le cause ebraiche.

GRASSO. Scranton, Pennsylvania. Alex Grass ha portato il Thrift Discount Center nel piccolo stato di Keystone City al livello successivo e ha creato più di 2.700 farmacie Rite Aid in 23 Stati, con filiali come Auto Palace (ricambi auto), Concord Custom Cleaners, Encore Books e Sera-Tec Biologicals. È stato presidente dell'Università Ebraica di Israele. Tra i suoi figli figurano i figli Martin e Roger.

ALAN GREENBERG. New York. Alan "Ace" Greenberg è stato presidente di Bear Stearns e si è impegnato in molte cause ebraiche.

MAURICE GREENBERG. New York. Conosciuto come "Hank" Greenberg, questo barone delle assicurazioni ha assunto il controllo di American International (AIG) ed è stato attivo in Estremo Oriente. Svolge un ruolo di primo piano nell'influente Council on Foreign Relations. I suoi figli sono Jeffrey, Evan, Lawrence "Scott" e la figlia Cathleen.

GRUSS. New York. Joseph Gruss è stato attivo nell'esplorazione di petrolio e gas in Texas, Oklahoma e Wyoming e ha fondato la Gruss & Company, che si occupa di fusioni e acquisizioni di petrolio e gas. Il marito della figlia Evelyn, Kenneth Lipper, avvocato, è un banchiere d'investimento ed ex vicesindaco di New York per le finanze. Il figlio Martin si occupa di corse di cavalli.

GUMENICK. Miami. Nathan Gumenick ha costruito e posseduto 10.000 appartamenti e 500 case a Miami, diventando il primo costruttore di grattacieli nella mecca ebraica dei pensionati. È stato uno dei principali sostenitori del Museo Memoriale dell'Olocausto degli Stati Uniti durante il suo sviluppo. Suo figlio Jerome è attivo nella comunità ebraica di Richmond, in Virginia.

HAAS. I membri di questa famiglia immensamente ricca sono gli eredi della fortuna dell'abbigliamento Levi-Strauss. In totale, il patrimonio combinato dei vari membri della famiglia li rende senza dubbio la famiglia più ricca del Paese.

HALPERN. Sam Halpern e suo fratello Arie, immigrati di origine polacca giunti in America, erano fortemente coinvolti nella costruzione di hotel resort in Israele. È chiaro che gli Halpern hanno accumulato la loro fortuna sul mercato nero dell'Unione Sovietica e poi nell'industria edilizia degli Stati Uniti.

HASSENFELD. New York-Rhode Island. Eredi dell'impero Hasbro, produttore di Mr. Potato e GI Joe, la più grande azienda di giocattoli al mondo. Tra i membri della famiglia figurano Alan e Harold.

HASTEN. Indianapolis, Indiana. Hart e Mark Hasten hanno sviluppato una catena di 1.500 centri di convalescenza e sono stati coinvolti nel settore bancario e immobiliare di , compresa la holding di famiglia, Hasten Bancshares, Inc. Hart è vicino al blocco del Likud in Israele.

HECHINGER/ENGLAND. Washington, D.C. Nati dalla catena di ferramenta Hechinger nella National Capital Region, John Hechinger e Ross Hechinger. Richard England si sposò con la famiglia Hechinger. Suo figlio Richard ha fatto parte del comitato esecutivo dell'American-Israel Public Affairs Committee (AIPAC).

GOTTESFELD HELLER. Fanya Gottesfeld Heller, vedova dell'investitore Joseph Heller, rivendica la sua fama non solo per la generosità del marito, che distribuisce a cause ebraiche, ma anche per aver scritto un libro di memorie molto apprezzato sui suoi anni come "sopravvissuta all'Olocausto" di origine ucraina.

HEYMAN. New York-Connecticut. Sam Heyman e sua moglie Ronnie (entrambi laureati a Yale e Harvard) sono diventati ricchi grazie al coinvolgimento di Sam nella GAF Corporation, un'importante azienda produttrice di materiali edili e prodotti chimici. Nel 1991, Sam ha scorporato la divisione chimica, che ora è una società quotata in borsa nota come International Specialty Products. La signora Heyman (*nata* Feuerstein, vedi FEUERSTEIN) è stata compagna di corso di legge di Hillary Rodham Clinton.

HOCHBERG. New York e Chicago. Eredi di Joseph Hochberg, che gestiva Children's Bargaintown USA. Suo figlio Larry è presidente di Sportmart, una catena di articoli sportivi.

HOFFMAN. Dallas, Texas. Edmund Hoffman ha fatto fortuna come primo imbottigliatore e distributore di Coca-Cola (con sede a Dallas) nel sud-ovest del Texas. Suo figlio Richard è un medico di successo in Colorado. Suo figlio Robert è uno dei fondatori della rivista umoristica *National Lampoon*.

JESSELSON. New York. Michael, Daniel e Benjamin sono gli eredi di Ludwig Jesselson, che divenne amministratore delegato di Philipp Brothers, uno dei maggiori mercati mondiali per oltre 150 materie prime, tra cui acciaio, petrolio greggio, prodotti chimici e cemento. L'azienda è stata successivamente acquisita da Salomon Brothers, Inc, banca internazionale.

KAPLAN. New York. Stanley Kaplan è il mago dell'educazione che sta dietro ai corsi di formazione SAT che gli studenti delle scuole superiori usano per prepararsi agli esami di ammissione al college. Stanley dice di essere particolarmente interessato a sviluppare "leader" nelle comunità nere e ispaniche, il che per i leader di base neri e ispanici significa sviluppare personalità nere e ispaniche che eseguiranno gli ordini dell'élite ebraica americana.

KEKST. New York. Gershon Kekst è a capo della società di comunicazione aziendale e finanziaria Kekst and Company. Ha un figlio, David, e una moglie, Carol.

KLINGENSTEIN. New York. Tra gli eredi del dottor Percy Klingenstein, primario di chirurgia al Terzo Ospedale Generale dell'esercito americano, ci sono Frederick Klingenstein, banchiere d'investimento, e John Klingenstein.

KRAFT. Boston. Robert Kraft, proprietario dei New England Patriots, ha fatto fortuna fondando la International Forest Products, una delle più grandi aziende private di carta e imballaggi del Paese.

KRAVIS. Tulsa. La fortuna della famiglia è stata creata da Raymond Kravis, un consulente per il petrolio e il gas i cui clienti includevano Joseph P. Kennedy e la Chase Bank controllata da Rockefeller. I suoi figli Henry e George si unirono al cugino George Roberts e portarono fama e fortuna internazionale alla loro azienda Kohlberg Kravis Roberts & Company nel racket delle acquisizioni con leva finanziaria degli anni '80. Acquisirono circa 36 società, tra cui RJR Nabisco. Il team Kohlberg-Kravis era strettamente legato alla politica repubblicana dell'epoca.

KRIPKE. Omaha. Buone relazioni! Myer Kripke era un rabbino di Omaha, Nebraska, la cui moglie, Dorothy, scriveva libri per bambini. Alla moglie del leggendario investitore miliardario (non ebreo) Warren Buffet, che vive a Omaha, piacquero i libri della signora Kripke e le due donne divennero amiche. Di conseguenza, i Kripke sono stati invitati a diventare "modesti investitori" nella società Berkshire Hathaway di Buffet e hanno guadagnato molti soldi. Suo figlio Paul è professore di filosofia a Yale.

LAUDER. New York. Leonard e Ronald Lauder sono gli eredi della fortuna dei cosmetici Estee Lauder. Ronald è stato anche Ambasciatore degli Stati Uniti in Austria e presidente del Jewish National Fund. Nel 1989 si è candidato a sindaco di New York con i Repubblicani.

THOMAS H. LEE. Boston. Thomas H. Lee, operatore di leveraged buyout, ha fatto un sacco di soldi vendendo la sua azienda di bibite Snapple alla Quaker Oats. Ora, come tutti i giovani ebrei di buona famiglia, è un filantropo.

LEHMAN. Skokie, Illinois. Da non confondere con la famiglia newyorkese "Our Crowd" di banchieri internazionali ebrei-tedeschi, la famiglia Lehman - guidata da Kenneth Lehman - ha fatto i soldi grazie all'azienda di famiglia, la Fel-Pro Incorporated, produttrice di ricambi per auto. A suo merito, Lehman non è uno schiavista. La sua azienda offre ai suoi dipendenti numerosi benefit e tutti i tipi di doni finanziari e borse di studio.

PRESTATORE. Connecticut. Marvin e Murray Lender sono magnati dei bagel. Hanno venduto la loro azienda di bagel surgelati a Kraft Foods nel 1984 e ora dedicano la loro fortuna a cause ebraiche.

LEVENTHAL & SIDMAN. Boston. Soci di Beacon Properties, il più grande fondo di investimento immobiliare degli Stati Uniti, Edwin Sidman e Alan Leventhal hanno quotato la loro società nel 1994 e hanno esteso i loro interessi a livello nazionale. Leventhal è stato strettamente associato alle attività politiche di Bill Clinton.

LEVIN. New York. Gerald Levin, diventato amministratore delegato dell'impero Time Warner controllato dalla famiglia Bronfman, ha iniziato come inquilino di Lewis Strauss, il capo ebreo della Commissione per l'Energia Atomica. Sebbene non vi siano documenti pubblici che lo indichino, si può scommettere che Levin e Strauss abbiano contribuito ad "aiutare" Israele a dotarsi di armi atomiche. Oggi Levin è membro del Council on Foreign Relations, finanziato da Rockefeller e . Una figura mediatica di primo piano.

LEVINSON. New York. La vedova di Morris Levinson, Barbara, è diventata una figura di spicco nella comunità ebraica distribuendo la ricchezza accumulata da Morris come conglomerato di prodotti alimentari e cosmetici che si è fuso con Nabisco. Morris è anche uno dei fondatori del Centre for Democratic Studies, descritto come "il primo think tank di ". Suo figlio Adam risiede a Tallahassee, in Florida, ma è attivo negli affari ebraici a livello nazionale. Il figlio Joshua è professore alla Hebrew University. La figlia Judy è sposata con John Oppenheimer.

LEVY. Dallas, Texas. I fratelli Irving, Milton e Lester Levy controllano la NCH Corp. che produce e distribuisce prodotti per la pulizia a hotel, enti governativi e aziende industriali. Anche i loro quattro figli lavorano nell'azienda di famiglia.

LEON LEVY. New York. Leader dell'élite ebraica sefardita americana (a cui Stephen Birmingham ha reso omaggio nel suo libro *The Grandees*), Leon Levy ha fatto fortuna come amministratore delegato della Urban Substructures, Inc. che si occupava della costruzione e dell'ingegneria di molte proprietà di rilievo a New York. Levy è stato anche presidente della Conferenza dei presidenti delle principali organizzazioni ebraiche americane. I suoi figli sono Mark, Mimi, Judy e Janet. Sua moglie Elsi è una musicista professionista.

LIPPERT. New York. Albert e Felice Lippert hanno fatto milioni di dollari aiutando milioni di persone a perdere peso. Insieme a Jean Nidetch, una corpulenta casalinga ebrea che aveva creato gruppi di sostegno alla dieta, hanno creato Weight Watchers International e venduto l'attività di successo a Heinz Foods nel 1978. Figli Keith e Randy.

ELENCO. New York. Albert List distribuì con successo applicazioni, poi si diversificò e prese il controllo della Hudson Coal Company, mettendo insieme un conglomerato che comprendeva la catena di cinema RKO.

LOEB. New York. Carl Morris Loeb, ora deceduto, guadagnò milioni con l'American Metal Co. e fondò la Loeb Rhoades (ora Shearon Lehman/American Express). Il figlio di Carl, John, sposò la figlia di Arthur Lehman della Lehman Brothers. John Loeb ebbe due figli, Arthur e John Jr (che fu ambasciatore degli Stati Uniti in Danimarca), mentre sua figlia Ann sposò Edgar Bronfman ed ebbe un figlio, Edgar Bronfman Jr. Questo matrimonio tra famiglie ebraiche illustra come l'élite ebraica mantenesse la propria ricchezza "nella tribù", per così dire. Questa famiglia Loeb non deve essere confusa con la famiglia Loeb dell'impero bancario Kuhn Loeb, un'altra fortuna ebraica.

LOWENBERG. San Francisco. William Lowenberg, sopravvissuto all'Olocausto e capo della Lowenberg Corporation, è un importante promotore immobiliare di San Francisco. Suo figlio David porta avanti il nome della famiglia e il suo impegno negli affari ebraici.

MACK. New York. H. Bert Mack ha iniziato con le demolizioni ed è stato responsabile di importanti operazioni nei siti dove sono state costruite le Nazioni Unite, la New York World's Fair e il Triboro Bridge. Oggi la Mack Company è un importante promotore immobiliare. I suoi figli sono Earl, Bill, David e Fred.

MANDEL. Cleveland. Morton, Jack e Joseph Mandel hanno creato la Premier Industrial Corporation, che oggi è uno dei principali attori nella produzione di prodotti elettronici rari. Hanno fuso Premier con Farnell Electronics, un'azienda britannica, per formare Premier Farnell PLC.

MARCUS. Dallas. È la famiglia dei famosi grandi magazzini Nieman-Marcus. Sebbene la società sia stata venduta nel 1969, Stanley Marcus è rimasto nel consiglio di amministrazione per diversi anni. È stato anche presidente dell'American Retail Federation.

BERNARD MARCUS. Atlanta. L'impero di Home Depot, il più grande del Paese, è opera di Bernard Marcus, i cui figli, Fred, Morris e Suzanne, sono gli eredi della fortuna.

MERKIN. New York. Hermann Merkin ha fondato la banca d'investimento Merkin & Co. di cui fanno parte il figlio Sol e il genero

Andrew Mendes. La figlia Daphne è stata editorialista *del New York Times* e scrittrice.

MEYERHOFF. Baltimora. Harvey Meyerhoff, magnate dell'edilizia e dei centri commerciali, è stato il primo presidente dell'U.S. Holocaust Memorial Museum di Washington e presidente della United Way. Suo figlio Joseph Meyerhoff II è una personalità di spicco di Baltimora, così come sua figlia Terry Rubenstein e Zoh Hieronimus, noto conduttore radiofonico.

MEYERSON. Dallas. La fama di Mort Meyerson è la sua associazione con Ross Perot, che si dice sia stato il suo "braccio destro" come Presidente di Electronic Data Systems e poi come CEO di Perot Systems Corporation.

LATTE. New York-Los Angeles. I famigerati fratelli Milken - Michael e Lowell - sono saliti alla ribalta durante gli scandali finanziari degli anni '80, ma rimangono figure di spicco nella comunità ebraica globale e sono particolarmente rispettati dai "conservatori" che ammirano la pirateria e l'ipercapitalismo di Milken.

MILLSTEIN. New York. Ira Millstein è socio dell'influente studio legale newyorkese Weil Gotshal & Menges e ha insegnato alla Yale School of Management e alla New York University School of Law. Ha fatto parte di numerose commissioni governative e della National Association of Corporate Directors.

MILSTEIN. New York. La Circle Floor Company, fondata da Morris Milstein, posò i pavimenti del Rockefeller Center e delle Nazioni Unite, ma i figli di Morris, Seymour e Paul, svilupparono l'azienda di famiglia, la Milstein Properties, in un'importante società immobiliare, proprietaria di hotel, uffici e appartamenti. Per un certo periodo controllarono anche l'impero internazionale United Brands e, nel 1986, acquistarono la Emigrant Savings Bank. I membri della famiglia Howard ed Edward controllano Douglas Elliman, una società di gestione e intermediazione immobiliare, e Liberty Cable Television Company.

MUSHER. New York. Sidney Musher è stato un dirigente farmaceutico che ha svolto un ruolo importante nell'apertura del mercato americano ai prodotti israeliani. I suoi figli David e Daniel sono medici.

NAGEL. Los Angeles. La Nagel Construction Company finanzia l'attività di Jack e Gitta Nagal, entrambi sopravvissuti all'Olocausto. I loro figli sono Ronnie, David e Careena, residenti a Los Angeles. La figlia Esther vive a Englewood, nel New Jersey.

NASH. New York. Con il suo socio Leon Levy (vedi LEON LEVY), Jack Nash è stato uno dei fondatori del fondo di private equity di grande successo Odyssey Partners. Suo genero è l'investitore George Rohr. La moglie di Jack, Helen, è una sofisticata autrice di libri di cucina kosher.

NASHER. Dallas. Altro membro dell'élite ebraica texana, Raymond Nasher è stato un importante sviluppatore di centri commerciali, tra cui il famoso NorthPark, uno dei suoi successi.

OFFIT. New York. Ex direttore di Saloman Brothers, Morris Offit ha poi lanciato la propria banca d'investimento, Offitbank, e la propria società di consulenza sugli investimenti, Offit Associates.

PERLE. Dallas. Stanley Pearle, optometrista, ha fatto fortuna con i famosi Pearle Vision Centers, i più grandi rivenditori di occhiali del mondo.

PECK. New York. Stephen e Judith Stern Peck sono importanti esponenti della società ebraica. Stephen è stato presidente del consiglio di amministrazione del famoso Mt. Sinai Hospital e Judith è stata presidente del consiglio di amministrazione della United Jewish Appeal-Federation. Anche la nuora, Stephanie Rein, e il figlio, Emmanuel, sono grandi nomi dell'imprenditoria ebraica newyorkese.

PERELMAN. Nato a Philadelphia, è l'erede della Belmont Industries. Nato a Filadelfia, erede della Belmont Industries, un'azienda metalmeccanica che è diventata una holding per diverse altre società della regione, Ronald Perelman controlla oggi più di 44 società dell'impero MacAndrew & Forbes. Tra le aziende che possiede ci sono Revlon, il gigante dei cosmetici, Coleman Co. (che produce attrezzature da campeggio), California Federal Bank e Consolidated Cigar (che produce molte marche di sigari). Suo figlio Steven è coinvolto nell'azienda di famiglia.

POLK. Chicago. Sam e Sol Polk hanno creato i grandi magazzini Polk Brothers, che hanno svolto un ruolo importante nell'area metropolitana di Chicago fino alla loro chiusura nel 1992, ma la famiglia rimane ricca.

Tra i membri della famiglia figurano l'agente di borsa Howard Polk, la dirigente immobiliare Roberta Lewis e Bruce Bachmann.

PRITZKER. Chicago. Hyatt Hotels, Royal Caribbean Cruise Lines, Continental e Braniff Airlines, la rivista *McCall*'s e la piovra dell'intrattenimento Ticketmaster hanno fatto parte della gigantesca fortuna della famiglia Pritzker. Il capostipite della famiglia, Nicholas, era un immigrato da Kiev che fondò uno studio legale con il quale avviò la sua ascesa alla ricchezza e al potere. I suoi figli Harry, Jack e Abraham, nonché i figli di quest'ultimo Jay, Robert e Donald, erano i "pezzi grossi" della famiglia. Il loro Marmon Group è specializzato nell'acquisto e nella ristrutturazione di aziende in difficoltà.

RATNER. Cleveland-New York. La Buckeye Material Company della famiglia Ratner, con sede a Cleveland, è diventata la Forest City Enterprises (ora Forest City Ratner Companies), un'importante società di sviluppo immobiliare nella sua città natale e a New York. Sono stati coinvolti nella riqualificazione di 42nd Street. Tra i membri della famiglia figurano Charles, James, Ronald, Albert, Leonard e Max, che è stato il fondatore della Camera di commercio israelo-americana. Mark Ratner è professore di chimica alla Northwestern University.

REDSTONE. Nato come Rothstein, Sumner Redstone rilevò la catena di cinema del padre. Nato come Rothstein, Sumner Redstone rilevò la catena di cinema del padre e la ampliò fino a raggiungere quasi 900 filiali. Nel 1987 ha orchestrato l'acquisizione con leva di Viacom, Inc. una delle principali società di media al mondo, che controlla Paramount Studios, Blockbuster Video, Simon & Schuster, Nickelodean e MTV. Sua figlia Shari Redstone è sempre più coinvolta nell'impero del padre.

RESNICK. New York. Jack e Pearl Resnick e il figlio Burton hanno fatto fortuna nel settore immobiliare di New York, acquistando e ristrutturando uffici. La figlia Marilyn è sposata con Stanley Katz ed è attivamente coinvolta negli affari ebraici negli Stati Uniti e in Israele.

RIFKIND. New York. Simon Rifkind, rinomato avvocato e socio dello studio legale d'élite Paul, Weiss, Rifkind Wharton & Garrison, è stato "consigliere" del generale Dwight Eisenhower su questioni come la condizione dei sopravvissuti all'Olocausto sradicati e ha svolto un ruolo importante nelle pressioni per la creazione di Israele. Suo figlio Robert, socio dell'altrettanto elitario studio legale Cravath, Swaine & Moore, è stato presidente dell'American Jewish Committee.

ROSE. Nato a Gerusalemme, David Rose si trasferì a New York e creò una grande e potente società immobiliare, la Rose Associates. Nato a Gerusalemme, David Rose si trasferì a New York e creò una grande e potente società immobiliare, la Rose Associates, che costruiva, possedeva e/o gestiva proprietà a New York, Washington, D.C., Boston, Florida e Connecticut. I suoi figli Frederick, Daniel e Elihu, nonché i suoi nipoti Adam e Jonathan, sono ora responsabili degli affari dell'impero Rose.

ROSENWALD. Chicago-New Orleans. Julius Rosenwald fece fortuna assumendo il controllo della Sears & Roebuck, il gigante dei cataloghi. Suo figlio Lessing, tuttavia, scontentò molti membri della comunità ebraica americana in quanto fervente sostenitore di cause antisioniste. Sua figlia Edith, forte sostenitrice dei "diritti civili" nel Sud, che operava in una favolosa villa di New Orleans ispirata a "Tara" in *Via col vento*, si sposò con la famiglia Stern. La sua famiglia gestiva l'impero mediatico WDSU a New Orleans ed era amica personale di Clay Shaw, che fu perseguito dal procuratore distrettuale di New Orleans Jim Garrison per il suo coinvolgimento nell'assassinio di John F. Kennedy (per maggiori informazioni sullo strano ruolo della famiglia Stern nei casi di Shaw e del presunto assassino Lee Harvey Oswald, si veda *Sentenza finale* di questo autore, Michael Collins Piper). La famiglia è piuttosto numerosa e rimane attiva nel settore immobiliare e della televisione via cavo.

RUDIN. New York. Jack e Lewis Rudin e i loro figli, tra cui i figli William ed Eric, gestiscono la Rudin Management, che amministra uffici e immobili residenziali a New York.

SAFRA. New York-Monte Carlo. Sebbene l'ebreo di origine siriana Edmond Safra sia morto diversi anni fa a Monte Carlo in un misterioso incendio (con accuse di coinvolgimento della criminalità organizzata ebraica russa nella sua morte), non c'è alcun mistero sul fatto che il suo impero bancario globale, basato sulla Republic New York Corp. e sulla Trade Development con sede in Svizzera (che si è fusa con l'American Express) fosse molto potente nel torbido mondo della finanza internazionale. L'impero di famiglia è ora controllato dai fratelli Joseph e Moise e dai loro eredi.

SAUL. New York. Joseph Saul ha fondato la catena Brooks Fashion, che ha venduto con un enorme profitto nel 1984. Ora dedica i suoi profitti a una serie di cause ebraiche, in particolare agli interessi di Israele.

SAUNDERS. Boston. La Saunders Real Estate Corp. di Donald Saunders possiede il Park Plaza Hotel di Boston e una serie di altre proprietà commerciali nel Bay State. Le figlie Lisa e Pamela sono considerate eredi della fortuna. Saunders è sposato con l'attrice Liv Ullman.

SCHEUER. New York. Un'azienda di gas e carbone e proprietà immobiliari a New York sono la fonte della ricchezza di questa famiglia. Un membro della famiglia, James, è stato membro del Congresso. Walter è un gestore di investimenti e produttore di documentari. Steven è un critico dei media. Amy è psicoterapeuta. Richard ha presieduto il consiglio di amministrazione dell'Hebrew Union College e finanzia scavi archeologici in Palestina.

SCHOTTENSTEIN. Columbus, Ohio. Questo impero immobiliare e della vendita al dettaglio è noto per Schottenstein Stores Corporation, Value City Department Stores, Value City Furniture e American Eagle Outfitters. Jay Schottenstein è ora a capo dell'impero di famiglia.

SCHUSTERMAN. Tulsa, Oklahoma. Charles Schusterman gestisce la Samson Investment Company, il più grande produttore indipendente di gas dell'Oklahoma. Sua figlia Stacy è coinvolta nell'azienda di famiglia. Suo figlio Jay vive in Colorado. Il figlio Hal vive in Israele.

SELIG. Atlanta. Erede di Ben Massell, immobiliarista, S. Stephen Selig è a sua volta un importante immobiliarista di Atlanta, attraverso la Selig Enterprises. Sua figlia, Mindy Selig Shoulberg, è un'importante figura della comunità ebraica della città.

SILVERSTEIN. New York. Figlio di un mediatore immobiliare diventato un importante promotore di torri per uffici, Larry Silverstein è oggi probabilmente più conosciuto come l'operatore ebreo che ha preso il controllo dei contratti di locazione del World Trade Center poco prima della tragedia dell'11 settembre, argomento trattato in dettaglio dal giornalista Christopher Bollyn su *American Free Press*, il quotidiano nazionale populista con sede a Washington, D.C. Da tempo circolano voci che collegano Silverstein alla CIA e alla criminalità organizzata.

SIMON. Indianapolis. Uno dei cinque più grandi imperi di centri commerciali del Paese - il secondo in assoluto - è alla base della fortuna dei fratelli Melvin e Howard Simon, che hanno sviluppato 62 centri commerciali e 55 gallerie. Nel 1996, le loro proprietà sono cresciute ulteriormente quando si sono fusi con la DeBartolo Realty Corp (non ebrea). Mel è comproprietario della squadra di pallacanestro dei Pacers e ha prodotto film scadenti come *Porky*'s. Suo figlio David, che è stato banchiere d'investimento presso la CS First Boston e la Wasserstein, Perella, svolge ora un ruolo nell'azienda di famiglia, che comprende il famoso Mall of America di Minneapolis, probabilmente il più grande centro commerciale d'America di un tempo.

SKIRBALL. Los Angeles. Jack Skirball era un rabbino, un promotore immobiliare e un produttore cinematografico: tre professioni che interessano tutti i bravi ragazzi ebrei, a quanto pare. La sua ricca famiglia è tuttora attiva negli affari ebraici in California.

SLIFKA. New York. La società di gestione Halcyon/Alan B. Slifka Management Company fornisce a questa famiglia il denaro necessario per rimanere attiva negli affari ebraici a New York.

CHARLES E. SMITH. Washington, D.C. Non lasciatevi ingannare dal nome. Robert Smith e suo cognato Robert Kogod gestiscono l'impero che comprende il complesso di appartamenti Crystal City ad Arlington, Virginia, e Skyline City in Virginia.

RICHARD SMITH. Boston. Con sede nel New England, la catena di cinema General Cinema si è espansa fino a prendere il controllo di Neiman-Marcus (i grandi magazzini di Dallas) e di Harcourt Brace Publishing (ora Harcourt General). General Cinema è ora conosciuta come GC Cos. Robert Smith, figlio di Richard, ha rilevato l'azienda di famiglia. La famiglia è descritta come "molto discreta".

SONNABEND. Boston. Robert, Paul e Stephanie Sonnabend sono i direttori della Sonesta International Hotels Corporation. Possiedono circa 19 hotel, tra cui quello del Cairo, in Egitto.

SPERTO. Chicago. La produzione di telai - attraverso la Metalcraft Corporation (poi Intercraft Industries Corporation) - ha fatto la fortuna della famiglia.

SPIELBERG. Los Angeles. Tutti conoscono il nome di Stephen Spielberg, la leggenda del cinema responsabile di una vasta gamma di film popolari, senza dimenticare *Schindler's List*. La sua principale società è la Dreamworks SKG. Amblin Entertainment è un'altra parte dell'impero di Spielberg.

MARY ANN STEIN. Indianapolis. Mary Ann Stein, ereditiera di banchieri e uomini d'affari, è attiva nelle cause liberali al punto da diventare presidente del New Israel Fund, un'organizzazione dedicata alla promozione del "liberalismo" nella società israeliana, una causa che infiamma in qualche misura i sionisti della linea dura, visti i gesti amichevoli del New Israel Fund nei confronti dell'etnia palestinese. (Vedi anche FRIEDMAN) SAM STEIN. Jacksonville, Florida. Sam Stein ha creato il negozio Steinmart nel Mississippi e suo figlio Jay ha sviluppato una catena di 150 negozi specializzati in "merce fuori prezzo di alta gamma" in 21 Stati. La moglie di Jay, Cynthia, è insegnante d'arte e attiva negli affari ebraici di Jacksonville.

STEINBERG. New York. Saul Steinberg ha fatto fortuna con la Leasco, una società di noleggio di computer, poi ha continuato a fare fortuna con la Reliance Insurance, che ha acquistato nel 1968. Suo fratello Robert e suo cognato Bruce Sokoloff erano fortemente coinvolti nell'azienda di famiglia. Sua figlia Laura è sposata con Jonathan Tisch, del potente impero mediatico Tisch (vedi TISCH). Il figlio Jonathan è proprietario di Financial Data, che pubblica la rivista *Individual Investor*.

STEINHARDT. New York. Si dice che il gestore di fondi speculativi e magnate Michael Steinhardt abbia una "passione" per la "continuità ebraica". Anche su , nonostante sia "un ateo dichiarato" secondo la rivista *Avenue*, Steinhardt rimane "uno dei principali sostenitori americani delle cause ebraiche e israeliane". È uno dei finanziatori di *Forward*, l'influente settimanale ebraico con sede a New York.

STERN & LINDENBAUM. New York. Erede della fortuna di Hartz Mountain (prodotti per animali domestici), Leonard Stern è proprietario del giornale "liberale" *Village Voice* ed è coinvolto in varie iniziative immobiliari. Suo figlio Emanuel gestisce il SoHo Grand Hotel ed è sposato con l'influente famiglia Peck (vedi PECK). Anche la ricchezza della suocera di Leonard, Ghity Amiel Lindenbaum, contribuisce alla fortuna della famiglia.

PIETRA. Cleveland. Irving, Morris e Harry Stone erano gli eredi della American Greetings (card) Corporation. Il personaggio dei cartoni animati "Ziggy" è uno dei loro contributi alla cultura popolare.

STONEMAN. Boston. Samuel Stoneman è stato vicepresidente del consiglio di amministrazione della General Cinema Corporation. Le sue figlie sono Jane Stein ed Elizabeth Deknatel. Gestiscono la fondazione di famiglia.

AARON STRAUS. Baltimora. La fortuna della famiglia si basa sulla Reliable Stores Corporation. Sono i principali finanziatori di cause "buone" nell'area di Baltimora.

NATHAN & OSCAR STRAUS. New York. Eredi della fortuna dei grandi magazzini R. H. Macy e Abraham & Straus. H. Macy e dei grandi magazzini Abraham & Straus. Oscar Straus II e Oscar Straus III sono ora figure chiave della famiglia.

STRAUSS. Dallas. Ex presidente nazionale democratico e ambasciatore degli Stati Uniti in Russia, Robert Strauss è un avvocato molto influente di Akin, Gump, Strauss, Hauer & Feld. Figlio di Charles, un commerciante, Robert Strauss ha svolto un ruolo chiave nell'ascesa alla presidenza di Lyndon Johnson. La moglie di suo fratello Ted, Annette, è stata sindaco di Dallas.

STRELITZ. Norfolk, Virginia. La catena di mobili Haynes, con sede in Virginia, è la fonte della ricchezza di questa famiglia. E. J. Strelitz è l'amministratore delegato dell'azienda.

SWIG. San Francisco. Questa famiglia è proprietaria del Fairmont Hotel di San Francisco e di altri Fairmont in tutto il Paese. Il Plaza Hotel è uno dei gioielli della loro corona. Benjamin Swig e suo figlio Melvin hanno aperto il primo centro commerciale negli Stati Uniti. Ben era associato a Jack Weiler (vedi ARNOW-WEILER) nel settore immobiliare commerciale. Il fratello di Ben, Richard, e i figli Kent, Robert e Steven sono coinvolti nella fondazione di famiglia, così come il cognato Richard Dinner.

SYMS. New York. Syms, a capo della Syms Corp. che possiede una catena di 40 negozi che vendono griffe a prezzi scontati, ha fatto entrare nell'azienda di famiglia il figlio Robert e la figlia Marcy. Marcy è un ex vicepresidente dell'American Jewish Congress. La famiglia è entrata anche nel settore immobiliare.

TAUBER. Detroit. Joel Tauber ha fatto fortuna nell'industria manifatturiera: Key Fasteners, Key Plastics (componenti automobilistici), Keywell Corporation (rottami metallici) e Complex Tooling & Molding (componenti per computer). Il figlio Brian è coinvolto nell'azienda di famiglia. La figlia Ellen Horing è un gestore di fondi a New York. Un'altra figlia, Julie McMahon, si occupa di bambini svantaggiati.

TAUBMAN. New York. Sviluppatore di grandi centri commerciali in tutto il Paese, Taubman ha avuto rapporti d'affari con Max Fisher di Detroit (vedi MAX FISHER) ed è stato strettamente associato a Leslie Wexner (vedi WEXNER) dei negozi The Limited. Taubman è stato coinvolto nell'acquisto e nella vendita dell'Irvine Ranch nella California meridionale. Taubman ha acquistato la casa d'aste Sotheby's ed è stato condannato a un anno di prigione per aver fissato i prezzi. Alla fine del 2002 *Vanity* Fair ha riportato che Taubman era una figura popolare tra i suoi compagni di detenzione. I suoi figli William e Robert sono i principali protagonisti dell'impero di famiglia.

TISCH. New York. Sostenitori di spicco di Israele, oggi noti soprattutto per il loro controllo dell'impero radiotelevisivo CBS, Lawrence e Preston Tisch erano tra gli ebrei più potenti d'America, anche se Lawrence è morto di recente. Loews, CAN Financial, Lorillard e Bulova fanno tutte parte dell'impero Tisch. Lawrence aveva i figli James, Daniel, Tom e Andrew, quest'ultimo membro del comitato esecutivo dell'American Israel Public Affairs Committee. Preston, proprietario dei Giants, è un ex direttore generale delle Poste americane. Suo figlio Steve è un regista e suo figlio Jonathan è presidente dei Loew's Hotels.

TISHMAN. New York. Questa famiglia di costruttori comprende David, Norman, Paul, Louis e Alex. Molti membri della famiglia sono molto attivi negli affari ebraici. Nina Tishman Alexander e suo marito Richard Alexander, così come Bruce Diker, un altro erede della famiglia, sono tra i membri della famiglia coinvolti in varie cause.

WASSERMAN. Los Angeles. Il defunto Lou Wasserman, a lungo a capo della MCA, il conglomerato dell'intrattenimento, è stato, insieme al suo socio Jules Stein, uno dei padrini dell'ascesa (cinematografica e politica) di Ronald Reagan. Era soprannominato il "Re" di Hollywood.

WEILL. New York. Presidente e amministratore delegato del gruppo Travelers, Sanford Weill è uno dei più ricchi magnati ebrei in America. Suo figlio Marc è a capo di Travelers. Sua figlia Jessica Bibliowicz dirige la Smith Barney Mutual Funds.

WEINBERG. Baltimora-Hawaii. Harry Weinberg ha iniziato a occuparsi di trasporti di massa a Baltimora, per poi espandersi alle Hawaii, dove è diventato un importante operatore immobiliare negli anni Cinquanta, quando il turismo aereo verso le isole ha avuto un boom.

WEINER. New York. Presidente e amministratore delegato della Republic National Bank of New York e della Republic New York Corporation - fondata da Edmond Safra (vedi SAFRA) - Walter Weiner è stato socio fondatore di Kronish, Lieb, Weiner & Hellman. I suoi figli sono John e Tom.

WEXNER. New York-Columbus, Ohio. Leslie Wexner possiede tutto: The Limited, Express, Lerners, Victoria's Secret, Henry Bendel, Abercrombie & Fitch, Bath and Body Works e Lane Bryant. Era particolarmente interessato alla formazione di futuri leader ebrei.

WINIK. New York. Elaine Winik è stata la prima donna presidente della Federazione dell'United Jewish Appeal e presidente dell'United Jewish Appeal. Sua figlia Penny Goldsmith è una figura di spicco dell'AIPAC e dell'ADL. I Winik hanno fatto fortuna con la produzione di borse.

INVERNO. Milwaukee. Elmer Winter ha fondato Manpower, l'agenzia di lavoro temporaneo con 1.000 uffici in 32 Paesi. Ha inoltre svolto un ruolo attivo nello sviluppo delle relazioni commerciali tra Stati Uniti e Israele ed è stato direttore nazionale dell'American Jewish Committee.

WOLFENSOHN. New York. Nato in Australia e formatosi come banchiere d'investimento a Londra, James Wolfensohn è diventato socio dirigente della Salomon Brothers di New York. Nel 1995 è stato nominato capo della Banca Mondiale, una vera e propria centrale elettrica ebraica.

WOLFSON. Miami. La Wolfson-Meyer Theater Company è diventata Wometco ed è stata acquisita nel 1984 da Kohlberg, Kravis, Roberts & Company dopo essersi affermata come pioniere del cinema e della trasmissione televisiva negli anni Venti. Le società di investimento Wolfson Initiative Corporation e Novecentro Corporation fanno parte dell'impero familiare. Tra i membri della famiglia figurano Louis III e Mitchell. Il Wolfson più noto è il famigerato Louis, che rimase coinvolto in uno spiacevole scandalo che coinvolse l'ex giudice della Corte Suprema degli Stati Uniti, William O. Douglas, che riceveva denaro dalla fondazione della famiglia Wolfson.

ZABAN. Atlanta. Mandle Zaban, suo fratello Sam e suo figlio Erwin hanno creato la Zep Manufacturing da una società di manutenzione, che si è evoluta nella National Service Industries, oggi gestita da Erwin, che è stato direttore della Anti-Defamation League.

ZALE. Texas. Morris Zale ha creato una delle più grandi catene di gioielleria del mondo, ma l'azienda è stata venduta nel 1987. Gli eredi David, Marjory, Stanley e Janet sono attivi nel settore ebraico. Entrambi i figli sono ancora nel settore della gioielleria.

ZARROW. Tulsa, Oklahoma. Henry e Jack Zarrow producono parti e forniture per impianti petroliferi attraverso la Sooner Pipe and Supply Corporation.

ZILKHA. Famiglia ebraica veramente "globale", gli Zilkhas sono gli eredi della Zilkhas International Bank, che era la più grande banca commerciale privata del mondo arabo. Dopo la creazione di Israele, la famiglia francofona di Baghdad si è trasferita a ovest. Il capofamiglia, Ezra, ha un figlio, Elias, e delle figlie, Donna Zilkha Krisel e Bettina-Louise. Protagonisti della piccola élite ebraica sefardita in America e attivi in Israele, sono entrati anche nel business delle armi. Anche loro sono entrati nel settore della produzione di armi.

ZIMMERMAN. Boston-Atlanta-Palm Beach. Harriet Morse Zimmerman, figlia di un produttore di scarpe di Boston, è stata vicepresidente dell'AIPAC e una volta si è vantata con arroganza che "il più grande donatore di Israele al mondo è il Congresso degli Stati Uniti". Suo figlio Robert è attivo a Westport, nel Connecticut. Anche la figlia Claire Marx e il genero Mark O'Leary sono molto coinvolti negli affari ebraici.

Questa è una panoramica delle famiglie ebraiche più potenti d'America. Come abbiamo detto, questo elenco non è assolutamente esaustivo. Molti altri nomi potrebbero essere aggiunti all'elenco, di solito nomi meno noti (per così dire) in alcune delle città più piccole del Paese.

Inoltre, un numero crescente di potenti e ricche famiglie ebraiche straniere - provenienti da Israele, Iran, Russia e altrove - si sta stabilendo sulle coste americane.

Sarebbe certamente comodo, per ragioni letterarie, poter dire che ci sono "200" o "300" o "400" famiglie particolari - alla maniera di certe opere fantasiose e cospiratorie, o anche alla maniera delle riviste *Forbes* e *Fortune* - ma ciò tradirebbe la realtà.

Quello che abbiamo raccolto qui, in un formato di facile lettura, basato su una fonte assolutamente "rispettabile" e simpatica, è un resoconto perfettamente accettabile della vasta gamma di ricchezza e potere raccolti in un numero relativamente piccolo di mani, poche famiglie i cui volti e nomi sono in gran parte sconosciuti al grande pubblico americano (o mondiale).

Ma state certi che sono potenti e che le persone dietro le quinte (e quelle che ricoprono cariche politiche) sanno molto bene chi sono questi broker d'élite. Come abbiamo detto, sono in grado di creare i presidenti e i politici americani, e sono in grado di distruggerli. Sono davvero loro a regnare sull'America, la nuova Gerusalemme.

E ora, prima di addentrarci in alcuni fatti e cifre molto specifici sulla vasta ricchezza e sul potere dell'élite sionista, facciamo una digressione per un momento e guardiamo a un imprenditore americano di alto profilo che - pur non essendo ebreo (per quanto ne sappiamo) - deve in realtà la sua ascesa alla fama e alla fortuna al sostegno dietro le quinte di alcune delle famiglie sioniste più potenti degli Stati Uniti di oggi. Si tratta dell'unico e solo Donald Trump.

Chi c'è dietro Trump

La strana storia di The Donald

No, Donald Trump non è ebreo, ma un'indagine sul background di questo fiammeggiante imprenditore americano offre spunti sorprendenti sul percorso di Trump verso il potere e l'influenza, poiché l'ascesa di Trump alla fama è una diretta conseguenza del fatto che egli è stato poco più che un colorito prestanome per sponsor molto ricchi dietro le quinte. La storia del colorito uomo d'affari (e ora star televisiva) noto come "The Donald" mostra come individui e interessi finanziari non ebrei possano raggiungere grandi altezze grazie alla sponsorizzazione di interessi ebraici.

Tutti conoscono, ovviamente, le operazioni di gioco d'azzardo di Trump e gli ampi legami dell'industria del gioco d'azzardo con la criminalità organizzata.

Ma la storia è molto più grande di così. Nel suo libro di memorie, *The Art of the Deal,* Trump descrive con orgoglio come, nel 1987, abbia comprato i suoi primi interessi nei casinò acquisendo il 93% delle azioni con diritto di voto della società di gioco Resorts International.

Quello che Trump non dice ai suoi lettori è ciò che il defunto Andrew St. George ha riportato in *The Spotlight* il 30 ottobre 1978 (e nel numero precedente il 25 settembre 1978): che Resorts International è stata creata e controllata da prestanome delle famiglie Rockefeller e Rothschild e dai loro "scagnozzi" nella CIA e nella sua agenzia di intelligence alleata, il Mossad di Israele.

Il servizio di *Spotlight* si è concentrato sulle attività di Resorts International e ha fornito ai lettori una panoramica del racket del gioco "fisso" gestito da elementi della malavita.

Ciò che ha reso il rapporto così esplosivo è che questo giornale ha sottolineato che i casinò truccati illegalmente sono stati gestiti con la collusione di politici "rispettabili", funzionari delle forze dell'ordine, finanzieri di Wall Street che hanno fornito prestiti per finanziare i centri di gioco e gli stessi operatori di alto profilo dei centri di gioco.

Inoltre, come ha sottolineato St. George, molti di questi casinò gestiti dalla mafia attraverso vari prestanome erano in realtà impegnati in una partnership *de facto* con mafiosi dietro le quinte che aiutavano la CIA e il Mossad a riciclare massicci profitti derivanti da droga e gioco d'azzardo che venivano incanalati in operazioni segrete dalle due agenzie di intelligence alleate. In cambio, la CIA e il Mossad, sfruttando la propria influenza, fornivano "protezione" alle operazioni di gioco d'azzardo illegale allestite sul sito, impedendo alle autorità di polizia di reprimere questa corruzione.

Dove si colloca il futuro presidente Donald Trump in questo quadro? Per trovare la risposta, dobbiamo rivolgerci alle oscure origini di Resorts International.

In realtà, Resorts è nato da una società di comodo della CIA creata all'inizio degli anni '50 da Allen Dulles, allora direttore della CIA, e dal suo stretto collaboratore Thomas E. Dewey, governatore per tre mandati dello Stato di New York e operatore politico della cosiddetta ala "repubblicana Rockefeller" del GOP.

La società di comodo in questione era la Mary Carter Paint Company, dal nome innocuo, che in realtà gestiva una catena nazionale di negozi di vernici, ma che era stata creata per funzionare come operazione segreta di riciclaggio di denaro della CIA.

Nel 1958-59, Dewey e alcuni collaboratori utilizzarono 2 milioni di dollari di fondi della CIA per acquistare una partecipazione di controllo nella Crosby-Miller Corporation (gestita dall'amico di Dewey James Crosby), che in seguito si fuse con Mary Carter.

In particolare, la nuova società riciclava il denaro della CIA per armare gli esuli cubani anticastristi. La società intraprese anche lucrose imprese di gioco d'azzardo nei Caraibi, dove la CIA era molto attiva all'epoca, avendo coinvolto il sindacato criminale di Lansky in complotti ora ampiamente documentati e noti a tutti, rivolti al Primo Ministro Fidel Castro, che aveva irritato la mafia chiudendo le sue attività di gioco d'azzardo cubane.

Non sorprende quindi che nel 1963 Alvin Malnik, uno dei principali scagnozzi del boss del crimine Meyer Lansky, fosse strettamente legato alle attività di Mary Carter Paint.

Immaginate il numero di americani rispettosi della legge che hanno acquistato i prodotti vernicianti di Mary Carter e che sarebbero stati sorpresi di sapere che stavano contribuendo a finanziare un'operazione congiunta CIA-Mafia che si nascondeva dietro il volto sorridente di una "tipica casalinga americana", la fittizia "Mary Carter" il cui volto adornava i suoi prodotti.

Nel 1963, Mary Carter Paint si separa dalla divisione vernici e, negli anni successivi, inizia a sviluppare le sue attività di casinò, in particolare alle Bahamas.

Nel 1967-68, Mary Carter Paint cambiò ufficialmente nome in Resorts International e iniziò una massiccia espansione internazionale. La Spotlight stabilì che diversi investitori importanti fornivano i fondi e i beni necessari per l'azienda:

- Meyer Lansky, noto come "presidente del consiglio" e principale finanziatore del sindacato del gioco d'azzardo malavitoso, che aveva legami di lunga data non solo con Israele e il Mossad, ma anche con la CIA e la comunità dei servizi segreti statunitensi;

- David Rockefeller, capo dell'impero finanziario Rockefeller, che ha usato l'influenza della sua famiglia e i suoi legami con la CIA e le banche mondiali per contribuire all'operazione;

- Investors Overseas Service (IOS), all'epoca il più grande conglomerato di capitali aerei del mondo, controllava attività per un valore di 2,5 miliardi di dollari. Il capo nominale di IOS era il colorito Bernard Cornfeld. Tuttavia, Cornfeld stesso era solo il prestanome di due direttori dietro le quinte:

- Tibor Rosenbaum, che non solo era il principale finanziatore del Mossad con sede in Svizzera e responsabile della vendita segreta di armi, ma era anche a capo della Banque de Crédit Internationale de Genève, il principale riciclatore di denaro sporco del sindacato Lansky in Europa.

- Barone Edmond de Rothschild, della famiglia bancaria europea e partner d'affari personale di Rosenbaum nelle imprese di Rosenbaum legate al Mossad, che vanno molto lontano; e infine,

- William Mellon Hitchcock, uno degli eredi della fortuna della famiglia Mellon (una delle più grandi famiglie private americane, che per molti anni ha avuto anche stretti legami con la CIA).

È stato questo gruppo a capitalizzare Resorts International che, attraverso un vasto programma di pubbliche relazioni, con l'aiuto dei media statunitensi, ha promosso il mito che la "nuova" società stesse "ripulendo" il gioco d'azzardo. Per promuovere questa favola, la nuova società ha assunto (con stipendi esorbitanti) una serie di ex agenti dell'FBI e della CIA, nonché avvocati del Dipartimento di Giustizia, che hanno assicurato al mondo che il gioco d'azzardo gestito da Resorts International era "libero da sindacati" e "adatto alle famiglie", anche se i fatti non lo dimostravano.

Resorts International crebbe a passi da gigante e divenne rapidamente una delle imprese di gioco d'azzardo più redditizie. Nel 1970, i personaggi della malavita che gestivano i casinò (insieme ai loro partner dietro le quinte) iniziarono a prendere provvedimenti per espandere il gioco d'azzardo negli Stati Uniti.

Il boss mafioso Meyer Lansky convocò una riunione ad alto livello dei membri del sindacato del gioco d'azzardo ad Acapulco, nel Nuovo Messico, e fu lì che i mafiosi riuniti individuarono la località balneare di Atlantic City, ormai in declino, come il loro primo nuovo obiettivo. (Prima di allora, naturalmente, la mafia aveva già reso il Nevada l'unico avamposto del gioco d'azzardo legale sul territorio americano). In seguito a quell'incontro, le risorse di Resorts International furono utilizzate (pubblicamente e privatamente) per lanciare la campagna di lobbying che portò alla legalizzazione del gioco d'azzardo ad Atlantic City e, una volta che la legislatura del New Jersey aprì il Garden State, Resorts vi si trasferì.

Nel 1987, alla morte di James Crosby, l'uomo di facciata della CIA che dirigeva nominalmente Resorts International, il giovane magnate immobiliare newyorkese Donald Trump è intervenuto rilevando le quote di Crosby nell'impero del gioco d'azzardo.

Trump è diventato rapidamente un nome familiare, grazie alla sua personalità colorita e all'insistenza nel dare il suo nome a tutta una serie di hotel di lusso, condomini e altre iniziative commerciali. Ma mentre il nome "Trump" faceva notizia, i nomi delle persone reali che stavano dietro a Resorts International rimanevano nascosti al pubblico. Date le origini di Resorts International, non c'è dubbio che Trump non sarebbe riuscito a prendere il timone di questa società se non avesse goduto del sostegno discreto di coloro che l'hanno creata.

Trump stesso alla fine ha ceduto il suo ruolo in Resorts International durante il periodo della sua "bancarotta" di alto profilo, ma rimane un attore importante sulla scena finanziaria e nell'industria del gioco d'azzardo.

Quindi, anche se Trump - una figura importante sulla scena americana - non è ovviamente di origine ebraica, deve certamente molto al patrocinio dell'élite sionista. E questo la dice lunga sulle modalità del potere in America - la nuova Gerusalemme. Andiamo avanti e diamo un'occhiata a chi è sicuramente la nuova élite americana.

Fatti e cifre chiari e precisi:

Il potere sionista in America oggi - secondo fonti ebraiche

Una nota introduttiva...

Le pagine che seguono contengono un'ampia varietà di citazioni prese alla lettera da un'altrettanto ampia varietà di fonti, quasi tutte di scrittori, ricercatori, giornalisti e accademici ebrei. Nei rari casi in cui queste citazioni non provengono da fonti ebraiche in senso stretto, sono comunque tratte da fonti che potremmo definire "filo-ebraiche" o "filo-sioniste".

Nessuna di queste fonti può essere definita "antisemita" in alcun modo, nemmeno dall'augusta Anti-Defamation League.

Tutte le citazioni sono chiaramente citate con note a piè di pagina e sono dirette e non abbreviate, a meno che non siano chiaramente indicate da ellissi. I titoli in grassetto che precedono ogni citazione sono parole sintetiche selezionate dall'autore/redattore a scopo descrittivo e per suddividere le varie aree di potere e influenza ebraica e sionista qui discusse. Si noti che questi titoli in grassetto non fanno parte della citazione stessa e non dovrebbero essere citati come tali da studiosi e scrittori che utilizzano questo volume come opera di riferimento.

Riteniamo che questa raccolta di citazioni sia il più potente e informativo conglomerato - tratto da opere di recente pubblicazione - mai assemblato nei tempi moderni e, senza dubbio, la visione più concisa e completa della ricchezza e del potere di coloro che regnano sovrani nella nuova Gerusalemme.

Ci sono molti documenti su questo argomento, se si cerca nei posti giusti, ma nelle pagine di questo libro, troverete tutto strettamente legato in un unico luogo, un riferimento pratico per coloro che osano approfondire uno degli argomenti più controversi del nostro tempo: il potere sionista in America.

E così iniziamo...

I FINANZIERI EBREI HANNO TRATTO PROFITTO DA REAGAN

Il primo ambito in cui gli ebrei divennero importanti nel regime repubblicano degli anni '80 fu la politica economica. Sebbene gli ebrei svolgessero un ruolo importante nel campo politico liberale, durante gli anni Ottanta un piccolo gruppo di banchieri e finanzieri ebrei divenne un importante alleato dell'amministrazione Reagan e un agente chiave nei suoi programmi economici e fiscali. Gli ebrei hanno presieduto alla grande espansione della liquidità - denaro e credito - che ha alimentato il boom economico e l'espansione dei valori di borsa nell'era di Reagan. L'amministrazione Reagan è entrata in carica esaltando le virtù della concorrenza del libero mercato e del capitalismo senza vincoli e promettendo di ripristinare la prosperità nazionale abbassando le tasse, riducendo l'interferenza del governo nell'economia e limitando la gravosa regolamentazione governativa delle imprese. I finanzieri ebrei giocarono un ruolo chiave nell'aiutare l'amministrazione a mantenere le sue promesse. In cambio, l'amministrazione ha protetto per un certo periodo questi finanzieri dagli attacchi dei loro avversari politici e aziendali.[15]

UN MATRIMONIO DI CONVENIENZA

Nell'attuare le sue politiche, l'amministrazione [Reagan] si trovò in un'alleanza di fatto con un piccolo ma potente gruppo di banchieri e finanzieri ebrei. Questo gruppo di individui creò o perfezionò i nuovi strumenti finanziari che, insieme, servirono gli interessi dell'amministrazione aumentando l'offerta di credito durante gli anni '80, che a sua volta alimentò il grande mercato toro di quell'epoca.

---

[15] Ginsberg, p. 189.

Ad esempio, i finanzieri e i trader ebrei perfezionarono i contratti futures sugli indici azionari, che aumentarono considerevolmente la liquidità del sistema finanziario consentendo transazioni di titoli ad alta leva finanziaria....

Finanzieri ebrei come Saul Steinberg, Victor Posner, Carl Icahn, Nelson Pelz, la famiglia Belzberg, Sir James Goldsmith e altri sono stati tra i principali protagonisti di queste acquisizioni ostili.

Tra i principali attori del settore delle acquisizioni, solo due - T. Boone Pickens e Carl Lindner di Cincinnati - non erano ebrei. Boone Pickens e Carl Lindner, di Cincinnati, non erano ebrei.

Gli arbitraggisti ebrei - Ivan Boesky divenne il più famoso di loro - svolsero un ruolo importante nell'acquisizione di enormi blocchi di azioni, facilitando i tentativi di acquisizione.

Gli ebrei sono stati pionieri nello scambio di programmi che, tra l'altro, hanno permesso alle aziende di generare entrate in eccesso nei loro fondi pensione che potevano essere utilizzate per altri obiettivi aziendali.

Negli anni '80, l'amministrazione Reagan e i finanzieri ebrei hanno vissuto un perfetto matrimonio di convenienza. L'amministrazione era intenzionata a promuovere la crescita economica e ad aumentare la prosperità dei suoi elettori di fascia alta, anche se ciò significava farlo a spese dei lavoratori e degli imprenditori le cui aziende venivano assorbite o semplicemente messe fuori mercato.

Da parte loro, i finanzieri ebrei videro un'opportunità senza precedenti di acquisire ricchezza e potere con la benedizione e la protezione del governo federale.[16]

FINANZIERI EBREI E OBBLIGAZIONI SPAZZATURA

Come outsider, ai margini del settore bancario e mobiliare, gli ebrei erano in grado di vedere e sfruttare meglio le nuove opportunità offerte

---

[16] *Ibid.* p. 192.

dalla deregolamentazione finanziaria e dal clima permissivo dell'era Reagan. Mentre i banchieri d'investimento tradizionali offrivano consulenza e assistenza finanziaria ai loro clienti coinvolti in fusioni e acquisizioni, i nuovi arrivati ebrei erano pronti a partecipare essi stessi a queste acquisizioni. I nuovi arrivati ebrei videro le incredibili opportunità insite nelle obbligazioni spazzatura che le società consolidate disdegnavano. Gli ebrei perfezionarono l'arte dell'arbitraggio del rischio, un'altra area snobbata dai WASP di Wall Street. I nuovi arrivati ebrei e alcuni dei loro alleati non ebrei videro l'opportunità di utilizzare le obbligazioni spazzatura per finanziare tentativi di acquisizione ostile.

Nei loro sforzi, i finanzieri ebrei hanno goduto della benedizione e della protezione dell'amministrazione Reagan. L'amministrazione corteggiava i finanzieri e li proteggeva da un Congresso ostile.[17]

PRATICAMENTE TUTTI GLI SPECIALISTI DI ACQUISIZIONI

Le attività dei finanzieri ebrei, in particolare il loro coinvolgimento nell'ondata di acquisizioni societarie che ha avuto luogo tra il 1985 e il 1986, durante la quale è scomparso quasi un quarto delle società presenti nella lista Fortune 500, hanno suscitato aspre critiche da parte di diversi ambienti....

Molti degli oppositori di Reagan nel Partito Democratico e nei media liberali compresero che era stata l'alleanza de facto tra l'amministrazione e i finanzieri ebrei a rendere disponibile una quantità di denaro e di credito sufficiente ad alimentare l'espansione economica nonostante gli enormi deficit di bilancio che avrebbero altrimenti ridotto la disponibilità di capitale per le imprese private..... A quanto pare, negli uffici dei leader del Paese non passò inosservato il fatto che quasi tutti gli specialisti della ripresa e i loro finanziatori fossero ebrei.[18]

---

[17] *Ibidem*, pag. 193

[18] *Ibidem*, pp. 194-197

BEDUINI IN AEREO

Gli ebrei siriani, che si sono raggruppati a Brooklyn, New York, sono emersi anche come una forza importante nell'industria dell'abbigliamento sportivo, in particolare nelle linee di jeans blu come Jordache e Gitano. Per molti versi, questi nuovi arrivati rappresentano un ritorno a una tradizione ancora più antica di imprenditori ebrei transnazionali. Prodotti di una comunità sotto costante assedio, viaggiano per il mondo come beduini in jet, con poca fedeltà al di là delle operazioni della loro famiglia.[19]

CALIFORNIA, STANNO ARRIVANDO...

... la comunità ebraica della Grande Los Angeles e della California, più che raddoppiata negli anni '70 e '80, continua a crescere in forza e dimensioni, attirando ebrei da altre parti degli Stati Uniti, così come [ebrei da Iran, Israele e Russia]. Nel 1990, la popolazione ebraica di Los Angeles - che nel 1920 aveva un numero di residenti ebrei inferiore a quello di Buffalo, New York - era cresciuta di oltre 150.000 unità, arrivando a circa 600.000, diventando così il secondo centro della diaspora dopo New York.[20]

I MEDIA: UN'INFLUENZA SPROPORZIONATA

Sebbene non controllino i media e le arti, come suggeriscono alcuni antisemiti, gli ebrei esercitano un'influenza sproporzionata su cinema, editoria, pubblicità e teatro. Nei media, secondo un'indagine condotta negli anni '70, un quarto delle personalità di spicco di era di origine ebraica, una percentuale più che decuplicata rispetto alla popolazione generale.[21]

---

[19] Joel Kotkin. *Tribù* (New York: Random House, 1993), p. 51.

[20] *Ibidem*, p. 61.

[21] Ibidem.

IL VERO POTERE DI HOLLYWOOD

Il potere ebraico a Hollywood non è più incentrato sui proprietari degli studios, ma sui vari agenti, produttori indipendenti e sceneggiatori che dominano sempre più l'industria, compresi promotori come Arnon Milchan, Michael Ovitz e David Geffen, un ex agente [di talenti] e produttore discografico che Forbes ha identificato nel 1990 come "l'uomo più ricco di Hollywood". Le tradizionali competenze ebraiche in materia di vendite, marketing e assemblaggio dei vari "pezzi" necessari a mettere insieme una produzione rimangono essenziali.... Margo Bernay, agente di vendita del sindacato artigiano la cui famiglia si trasferì a Hollywood dai vecchi quartieri ebraici di East Los Angeles negli anni '30, sottolinea che le tradizionali abilità ebraiche di vendita, marketing e assemblaggio dei vari "pezzi" necessari per mettere insieme una produzione rimangono essenziali:

"Se si guarda al vero potere in questa città, sono gli agenti, i produttori, non gli studios. Gli studios possedevano i talenti; ora sono i talenti a possedere gli studios. È lì che si trovano gli ebrei, la creatività, il talento, il fascino, il potere. È il lato sechel [ragione] del business, la mentalità. È la parte del business che non ha i confini che si trovano nelle grandi aziende, e che ti dà lo spazio che gli ebrei sono stati educati a rivendicare".[22]

LA NUOVA INVASIONE DELL'IMMIGRAZIONE EBRAICA

... Nonostante le ripetute previsioni sulla sua scomparsa demografica, la comunità ebraica americana ha continuato a crescere; tra il 1970 e il 1990, a fronte di un crescente intermarriage e di un basso tasso di natalità, il numero di ebrei autoidentificati in America è aumentato di 300.000 unità. Questa bassa crescita demografica è in parte dovuta all'immigrazione su larga scala dalle comunità della diaspora in Iran e in Sudafrica.

---

[22] *Ibidem*, pagg. 61-62.

L'emigrazione dall'Unione Sovietica è stata la più consistente, per un totale di oltre 250.000 persone; nel 1991, altre 100.000 persone con visto aspettavano il loro turno per partire.

Le ragioni di questa preferenza per l'odiato *galut*, o esilio, variano. Per alcuni, la presenza di parenti negli Stati Uniti, dove si trova di gran lunga la più grande comunità di discendenti di ebrei russi, ha fatto la differenza.

Un altro fattore è francamente economico: l'America, dove gli ebrei sono i più ricchi di tutti i principali gruppi etnici, offre generalmente un campo di opportunità molto migliore agli ebrei sovietici, la maggior parte dei quali è ben istruita, rispetto al piccolo Israele.

Certamente coloro che sono arrivati, nonostante i soliti problemi di adattamento, se la sono cavata ragionevolmente bene. In pochi anni, secondo un recente sondaggio nazionale, la famiglia ebraica sovietica media [in America] ha guadagnato più all'anno della famiglia americana media.[23]

GLI ISRAELIANI TROVANO UNA NUOVA "TERRA DEL LATTE E DEL MIELE"

Dato il loro successo in America, pochi ebrei americani sono emigrati al di fuori degli Stati Uniti. Tuttavia, la tradizione ebraica beduina continua tra gli altri membri della tribù, compresi, ironia della sorte, gli israeliani.

Invece di diventare i "figli del suolo" celebrati dai primi sionisti, non meno di 800.000 israeliani, prodotti di un Paese piccolo, relativamente povero e dilaniato dalla guerra, hanno cercato altrove migliori opportunità.

In alcuni anni, in particolare prima della migrazione di massa dalla Russia, il numero di israeliani che se ne andavano superava quello degli immigrati.

---

[23] *Ibid.*, p. 63.

Sebbene si trovino in Paesi diversi come la Finlandia e Singapore, è negli Stati Uniti che si stabiliscono più facilmente, con mezzo milione di persone concentrate nelle principali colonie di New York e Los Angeles.

In confronto, l'immigrazione ebraica americana in Israele nei quattro decenni successivi al 1948 non ha superato le 60.000 persone, meno della metà del numero di israeliani che hanno richiesto legalmente lo status di immigrati americani a tutti gli effetti tra il 1970 e il 1987.[24]

SILICON VALLEY: LA NUOVA TERRA PROMESSA

... Gli odierni "israeliani erranti", ad esempio, hanno raggiunto posizioni nei ranghi più elitari di tecnici e altri professionisti. Gli ingegneri da soli rappresentano quasi il 20% del totale, con circa 13.000 scienziati, ingegneri e altri professionisti che lavorano solo nelle industrie high-tech della California, una popolazione che rappresenta circa un terzo della forza lavoro tecnica nativa di Israele.[25]

FINANZA EBRAICA: UN SAPORE INTERNAZIONALE

Sebbene non vi siano prove concrete di una cospirazione internazionale di banchieri ebrei, alcuni ebrei del settore bancario hanno cospirato. Il gioco d'azzardo esercita sugli ebrei un fascino che alcuni potrebbero descrivere come equivalente al sesso per i francesi, al cibo per i cinesi e al potere per i politici. E da quando la diaspora ha disperso le comunità ebraiche, le loro preoccupazioni finanziarie hanno sempre avuto un sapore internazionale. Ma alcuni ebrei hanno oltrepassato i limiti della moralità e della legge nel settore bancario internazionale.[26]

ARTE: UN FORTE SAPORE EBRAICO

---

[24] *Ibidem*, pagg. 63-64.

[25] *Ibidem*, pagg. 64-65.

[26] Gerald Krefetz. *Jews and Money: The Myths and the Reality* (New Haven e New York: Ticknor and Fields, 1982), p. 101.

... Arte ebraica? Non molto tempo fa, questa frase sarebbe stata una contraddizione in termini. Nel 99,9% dell'esperienza ebraica non esisteva una grande arte. L'arte popolare era decorativa e ornamentale, ma il lavoro serio in senso occidentale no. Oggi la situazione è completamente cambiata e gli ebrei sono presenti a tutti i livelli del mondo dell'arte: come artisti, mercanti, collezionisti, critici, curatori, consulenti e mecenati. In effetti, la scena artistica contemporanea ha un forte sapore ebraico. In alcuni ambienti, i mercanti e i trafficanti vengono definiti la mafia ebraica, perché esercitano potere, prestigio e, soprattutto, denaro. E, come nel caso del capofamiglia, l'influenza è abilmente distribuita: gli artisti che hanno sopportato anni di abbandono vengono trasformati in successi immediati; quelli di successo vengono ghigliottinati così rapidamente che forse non si accorgono nemmeno di essere stati decapitati.[27]

MIO FIGLIO, IL...

... Negli Stati Uniti ci sono circa 30.000 medici ebrei, che rappresentano quasi il 14% di tutti i medici che esercitano privatamente.[28]

Dei cinquecentomila avvocati, si stima che più del 20% siano ebrei, quasi dieci volte la rappresentanza che ci si potrebbe aspettare. Nel 1939 si stimava che più della metà degli avvocati che esercitavano a New York fossero ebrei. Oggi la percentuale è ancora maggiore: forse tre avvocati su cinque sono ebrei.

L'ultimo sondaggio dell'Ordine degli Avvocati di New York ha rivelato che il 60% dei 25000 avvocati della città sono ebrei, il 18% cattolici e il 18% protestanti. La maggior parte degli avvocati ebrei - circa il 70% - proviene dall'Europa orientale...[29]

Oggi, il 15% dei 740.000 avvocati degli Stati Uniti sono ebrei. La rappresentanza ebraica è sette volte superiore a quella della popolazione

---

[27] *Ibid.*, p. 140.

[28] *Ibid.*, p. 167.

[29] *Ibid.*, p. 185.

generale. Nei circoli legali d'élite, la concentrazione è ancora più sorprendente.

Il 40% dei soci dei principali studi legali di New York e Washington sono ebrei. Gli ebrei occupano due dei nove seggi (22%) della Corte Suprema.[30]

Secondo le stime dell'American Medical Association, negli Stati Uniti ci sono attualmente 684.000 medici. I medici ebrei sono circa 100.000, pari al 15%. Come per gli avvocati, questa cifra è sette volte superiore alla percentuale di ebrei nella popolazione generale. Nel 1988, il 9% delle domande di ammissione alla facoltà di medicina proveniva da ebrei.[31]

Almeno il 20% dei professori delle principali università americane sono ebrei, di cui oltre il 25% nelle prestigiose facoltà di medicina, il 38% nelle analoghe facoltà di legge e ancora di più ad Harvard, dove la metà dei professori di legge sono ebrei. Oggi gli ebrei rappresentano il 20% dei medici e degli avvocati del Paese.[32]

ABITANTI DELLA CITTÀ...

Prima della Seconda guerra mondiale, la maggior parte degli ebrei viveva in Europa, il doppio rispetto agli Stati Uniti. Dopo l'Olocausto, negli Stati Uniti viveva il doppio degli ebrei rispetto all'Europa.

Dei 14,4 milioni di ebrei nel mondo... l'America rappresenta 5.900.000 persone, ovvero il 41% della comunità ebraica mondiale. Gli ebrei negli Stati Uniti rappresentano il 2,7% della popolazione.... Quasi il 60% degli ebrei del Paese vive nel nord-est, anche se la quota relativa di questa regione sembra essere diminuita di recente. La regione del Centro-Nord ospita l'11,9% della popolazione ebraica, il Sud il 15,8%

---

[30] Steven Silbiger. *The Jewish Phenomenon* (Atlanta, Georgia: The Longstreet Press, 2000), p. 62.

[31] *Ibid.*, p. 65.

[32] Lenni Brenner. *Jews in America Today* (Seacaucus, New Jersey: Lyle Stuart, 1986), p. 62.

e l'Ovest il 14,3%. Rispetto alla media nazionale, gli ebrei sono sovrarappresentati nel Nord-Est, sottorappresentati nel Centro-Nord e nel Sud, e quasi equamente rappresentati nell'Ovest.

In altre parole, l'ebraismo è una religione urbana, o sempre più suburbana. Oltre il 77% della popolazione ebraica vive nelle quattordici città o cittadine più grandi. Quasi tutti gli altri ebrei americani vivono in città o paesi. Gli ebrei di campagna sono relativamente pochi.[33]

IL PIÙ ISTRUITO

Nel dopoguerra, gli ebrei americani sono diventati i più istruiti di tutti i principali gruppi etnici o religiosi americani. A metà degli anni '70, secondo lo studio *Ethnicity, Denomination, and Inequality* (1976) di padre Andrew M. Greeley, gli ebrei avevano in media quattordici anni di istruzione, mezzo anno in più degli episcopaliani, il gruppo religioso americano socialmente più elevato. Si trattava di mezzo anno in più rispetto agli episcopaliani, il gruppo religioso americano con lo status sociale più elevato. Mentre meno della metà degli americani ha frequentato l'università, più dell'80% degli ebrei l'ha fatto e, come dimostrano le statistiche di Harvard, Princeton e Yale, gli ebrei avevano maggiori probabilità di frequentare le istituzioni d'élite del sito . Nel 1971, ad esempio, gli ebrei rappresentavano il 17% degli studenti delle università private.[34]

GLI INSEGNANTI EBREI "SUPERANO" DI GRAN LUNGA I GENTILI

Nel 1940, solo il 2% degli insegnanti americani erano ebrei. Negli anni '70 la cifra era salita al 10%. La presenza ebraica nel mondo accademico nel dopoguerra è notevole non solo per l'alta percentuale, ma anche per il suo profilo distintivo. Gli accademici ebrei si riunivano nei campi più impegnativi dal punto di vista intellettuale - campi che

---

[33] Krefetz, pp. 241-242.

[34] Edward S. Shapiro. *Time for Healing: American Jewry Since World War II* (Baltimora: Johns Hopkins University Press, 1992), pag. 100.

enfatizzavano il ragionamento astratto e teorico - e nelle istituzioni più prestigiose.

Sono stati sovrarappresentati in antropologia, economia, storia, matematica, fisica e sociologia, e sottorappresentati in agricoltura, istruzione, economia domestica, giornalismo, biblioteconomia, infermieristica ed educazione fisica.

L'ingegneria elettrica, il ramo più teorico dell'ingegneria, ha una percentuale più alta di ebrei rispetto all'ingegneria meccanica, civile o chimica. La medicina è una professione di alto livello e gli ebrei sono rappresentati in modo sproporzionato in biochimica, batteriologia, fisiologia, psicologia e altri campi accademici correlati alla medicina.

Nel 1975, Everett Carl Ladd Jr. e Seymour Martin Lipset scrissero che gli accademici ebrei avevano "superato di gran lunga i loro colleghi gentili". All'epoca, gli ebrei costituivano un quinto dei docenti delle università d'élite e un quarto dei docenti della Ivy League. Essi costituivano una percentuale ancora maggiore di professori dell'Ivy League di età inferiore ai trentacinque anni e di professori delle scuole di medicina e di legge d'élite . Nel 1968, il 38% dei professori delle scuole di legge americane d'élite erano ebrei.[35]

UN QUARTO DEGLI AMERICANI PIÙ RICCHI E IL 30% DEI MILIARDARI SONO EBREI.

Dall'inizio degli anni Ottanta, la rivista *Forbes* pubblica ogni anno una classifica dei quattrocento americani più ricchi. In base alla loro percentuale sulla popolazione generale, gli ebrei avrebbero dovuto essere circa dodici in questa lista. Invece, ce n'erano più di cento. Gli ebrei, che rappresentano meno del 3% della popolazione americana, costituiscono più di un quarto degli americani più ricchi. Erano sovrarappresentati di nove volte. Per contro, i gruppi etnici molto più numerosi degli ebrei - italiani, ispanici, neri ed europei dell'Est - sono scarsamente rappresentati nella lista. Più alta è la classe di attività elencata da *Forbes*, più alta è la percentuale di ebrei. Oltre il 30% dei miliardari americani sono ebrei . Lo stesso fenomeno è stato osservato

---

[35] *Ibidem*, pag. 100-101.

in Canada, dove le tre maggiori famiglie di imprenditori erano tutte ebree: i Belzberg di Vancouver, i Bronfman di Montreal e i Reichmann di Toronto.

È persino possibile che *Forbes* abbia sottovalutato il numero di ebrei americani super-ricchi, poiché molti di loro si sono arricchiti nel settore immobiliare, il più difficile da valutare e il più facile da nascondere.

Un elenco ancora più impressionante è stato pubblicato nel numero del 22 luglio 1986 di *Financial World*. L'elenco comprende cento dirigenti di Wall Street - banchieri d'investimento, gestori di fondi, arbitraggisti, specialisti di buyout, speculatori, commercianti di materie prime e broker - che hanno guadagnato almeno 3 milioni di dollari nel 1985. L'elenco inizia con Ivan Boesky, che avrebbe guadagnato 100 milioni di dollari... I guadagni di Boesky sono stati superati dai 500 milioni di dollari di Michael Milken l'anno successivo... Milken e Boesky erano ebrei, come la metà delle persone citate *dal Financial World*. Tra i big ebrei di Wall Street figurano George Soros (93,5 m$), Asher Edelman (25 m$), Morton Davis (25 m$) e Michael Steinhardt (20 m$).[36]

GLI IMMOBILI, LA PRINCIPALE FONTE DI RICCHEZZA PER GLI EBREI

Le fortune degli ebrei si trovano in molti campi. Russell Berrie produce orsacchiotti, Paul Kalmanovitz possiede birrerie e Arthur Sackler pubblica riviste mediche.

Ma in nessun campo il talento imprenditoriale ebraico è stato più evidente che in quello immobiliare. La metà degli ebrei presenti nella lista di *Forbes* ha fatto fortuna nel settore immobiliare, soprattutto a New York. "L'ebreo corre verso l'immobiliare non appena riesce a risparmiare abbastanza denaro per concludere l'affare", scriveva Jacob A. Riis in How the Other Half Lives. Riis in *Come vive l'altra metà* (1890).

---

[36] *Ibid.*, p. 117.

Ad eccezione di qualche intruso pagano, gli immobiliaristi di maggior successo di New York erano ebrei. Tra questi Laurence e Preston Tisch, Leonard Stern, Samuel LeFrak e Sol Goldman.

Altre città avevano i loro baroni immobiliari ebrei: Jerry Moore a Houston, A. Alfred Taubman a Detroit, Walter Shorenstein a San Francisco, Guilford Glazer a Los Angeles, Melvin e Herbert Simon a Indianapolis, Monte e Alfred Goldman a Oklahoma City, Frank Morgan e Sherman Dreiseszun a Kansas City, Mortimer Zuckerman e Harold Brown a Boston, Stephen Muss a Miami, Harry Weinberg a Baltimora, Neil Bluhm e Judd Malkin a Chicago e Charles E. Smith a Washington.[37]

MILIARDARI IMMOBILIARI

Nella lista dei 400 americani più ricchi stilata da *Forbes* nel 1999, il 23% era ebreo e di questi il 20% aveva fatto fortuna nel settore immobiliare.

... I membri ebrei della classifica *Forbes* 400 del 1999 con un patrimonio immobiliare sono i seguenti:

- Robert Pritzker 5,5 miliardi di dollari

- Thomas Pritzker 5,5 miliardi di dollari

- Marvin Davis 3,5 miliardi di dollari

- Donald Bren 3,2 miliardi di dollari

- Leonard Stern 2,4 miliardi di dollari

- Robert Tisch 2,3 miliardi di dollari

- Lawrence Tisch 2,1 miliardi di dollari

---

[37] *Ibid.*, p. 120.

- Samuel LeFrak 2 miliardi di dollari

- Sam Zell 1,8 miliardi di dollari

- Famiglia Fisher 1,3 miliardi di dollari

- Famiglia Durst 1,3 miliardi di dollari

- Mortimer Zuckerman 1,2 miliardi di dollari

- Carl Berg 950 milioni di dollari

- Alfred Taubman 860 milioni di dollari

- Sheldon Solow 800 milioni di dollari

- Guilford Glazer 700 milioni di dollari[38]

GLI EBREI COSTITUISCONO OLTRE L'11% DELL'ÉLITE AMERICANA

Negli anni '80, in base al reddito e all'istruzione, gli ebrei erano ai vertici della società americana e avevano raggiunto posizioni di potere politico, economico e sociale.

A partire dagli anni '60, gli ebrei sono stati a capo di alcuni dei rami più importanti del governo federale, tra cui la Federal Reserve e i dipartimenti del Lavoro, del Commercio, dello Stato e del Tesoro...

Il sistema sociale era abbastanza aperto da permettere agli ebrei di diventare una parte importante dell'élite americana.

Secondo un'analisi dei dati dell'American Leadership Study condotta dai sociologi Richard D. Alba e Gwen Moore, gli ebrei hanno compromesso più di l'11% dell'élite americana...[39]

---

[38] Silbiger, p. 72.

[39] Shapiro, pp. 122-123.

Washington D.C. è stato un caso particolare. L'espansione del governo federale nel dopoguerra ha portato a un aumento della popolazione ebraica dell'area metropolitana di Washington, passata da meno di ventimila persone nel 1945 a centosessantacinquemila quattro decenni dopo.[40]

GLI EBREI "HANNO CREATO LA COSIDDETTA MAFIA

Furono gli ebrei, e non gli italiani, a creare quella che poi divenne nota come mafia. Negli anni '20, gli italiani iniziarono a sostituire gli ebrei nell'industria del crimine organizzato di New York... Gli ebrei di erano molto attivi anche nell'industria del gioco d'azzardo e negli anni '40 svilupparono Las Vegas.[41]

VIOLENZA E SESSO IN TELEVISIONE SOTTO L'EGIDA DEGLI EBREI

Il contenuto dei film hollywoodiani e dei canali televisivi sotto l'egida ebraica negli anni Ottanta differisce nettamente dalla struttura programmatica dei film e dei canali radiofonici trasmessi dalle riviste cinematografiche e radiofoniche ebraiche della generazione precedente.

Le strutture puritane derivanti dalla cultura protestante dominante sono state quasi del tutto abbandonate. La concessione alle richieste del mercato e alla rappresentazione di routine della violenza e del sesso nei film e in televisione è ormai quasi illimitata.

Gli imprenditori ebrei dell'intrattenimento sono generalmente molto più istruiti dei loro predecessori, ma i prodotti che offrono sono spesso

---

[40] *Ibid.* p. 134.

[41] *Norman F. Cantor. The Sacred Chain: The History of the Jews (New York: HarperCollins Publishers, 1994), pag. 389.*

più volgari nei contenuti, ma presentati con la massima abilità tecnica immaginabile.[42]

IL RUOLO DOMINANTE DEGLI EBREI NELLA NUOVA CULTURA DI SINISTRA

Gli accademici e gli altri intellettuali ebrei hanno svolto un ruolo di primo piano nel plasmare la cultura della Nuova Sinistra negli anni Sessanta e Settanta.

A volte, come negli influenti scritti del sociologo storico Immanuel Wallerstein, questa teoria della nuova sinistra non era altro che una versione leggermente aggiornata del marxismo-leninismo tradizionale.

Il più delle volte si trattava di una miscela del marxismo culturale immaginifico di Benjamin, Adorno e della Scuola di Francoforte degli anni Trenta con il lato più radicale della tradizione freudiana.

Il leader in questa direzione è stato Herbert Marcuse, un prodotto della Scuola di Francoforte e guru di alto profilo della Brandeis University, sponsorizzata dagli ebrei, negli anni Cinquanta e Sessanta.[43]

IL MOVIMENTO DELLE DONNE

Il movimento femminista americano di grande successo degli anni '70 e '80 ha coinvolto anche leader ebrei. Le donne ebree non avevano avuto alcun ruolo nel movimento femminista americano dei primi tre decenni del XX secolo. Questa volta la situazione era diversa. Forse le due figure più importanti del movimento femminista, Gloria Steinem e Betty Freidan, erano ebree. Una terza teorica femminista di spicco, Elizabeth Fox-Genovese, era per metà ebrea. L'autrice del romanzo più venduto di tutti i tempi, tradotto in ventisette lingue e che celebra la

---

[42] *Ibid.*, p. 401.

[43] *Ibidem*, p. 402.

sessualità femminile, era una donna ebrea della classe media superiore di New York, Erica Jong.[44]

GLI EBREI DI WALL STREET "AGGIRANO I LIMITI DELLA LEGGE

I banchieri d'investimento ebrei hanno svolto un ruolo importante, anzi predominante, nelle frenetiche imprese speculative di Wall Street negli anni Ottanta. Nel "ballo predatorio" degli anni '80, come ha detto un best-seller giornalistico su questi affari fiscali, la carta da ballo ebraica era piena, anche se quando uno scrittore gentile, Michael Thomas, ha fatto della presenza ebraica nelle operazioni speculative di Wall Street uno dei temi principali del suo romanzo, è stato denunciato *dalla New York Times Book Review* per antisemitismo.[45] [Negli anni '80, la capacità di alcuni miliardari ebrei di aggirare i limiti della legge e di farla franca, con l'aiuto di avvocati ebrei di New York altamente pagati e di una stampa compiacente, era notevole.[46]

ACQUISTO DI SPORT PROFESSIONISTICO

Negli anni Novanta, i miliardari ebrei dimostrarono di aver raggiunto l'apice dell'abilità sociale e dell'importanza culturale acquistando squadre sportive professionistiche, fino ad allora appannaggio dei WASP e dei mag-nat irlandesi. Nel 1993, i New York Giants, il nome più onorato dello sport professionistico, altre due squadre della National Football League e due franchigie della Major League Baseball erano in mani ebraiche. Uno di questi proprietari ebrei aveva così tanto potere sugli altri proprietari che ha architettato il licenziamento del commissario del baseball e ha assunto il ruolo di commissario ad interim, rappresentando i proprietari davanti a una commissione del Congresso. Negli anni Trenta, gli ebrei americani pensavano di fare bene se producevano qualche campione di boxe. Gli ebrei non

---

[44] *Ibidem.*

[45] *Ibid.*, p. 403.

[46] *Ibid.*, p. 404.

dovevano mostrare i loro corpi sudati, erano i proprietari delle squadre.⁴⁷

IL POTERE DELLA STAMPA

Come a Berlino e Vienna prima di Hitler, gli ebrei giocarono un ruolo importante nell'editoria. Nel 1950, le famiglie ebraiche possedevano due dei tre giornali più influenti degli Stati Uniti, il *New York Times* e il *Washington Post*. Inoltre, entrambe le famiglie erano direttamente coinvolte nella gestione quotidiana dei giornali e nella definizione della loro politica editoriale.⁴⁸

IL POTERE DELLE PAROLE

È vero che gli ebrei sono rappresentati nel settore dei media in numero decisamente sproporzionato rispetto alla loro quota di popolazione.

Alcuni studi hanno dimostrato che gli ebrei, pur rappresentando poco più del 5% della stampa nazionale - appena più della loro quota di popolazione - costituiscono un quarto o più dei redattori, degli editori e dei produttori dei "media d'élite" americani, tra cui le divisioni giornalistiche dei network, i principali settimanali e i quattro maggiori quotidiani (*New York Times, Los Angeles Times, Washington Post, Wall Street Journal*).

Nel mondo in rapida evoluzione delle megacorporazioni mediatiche, gli ebrei sono ancora più numerosi. In un articolo di *Vanity* Fair dell'ottobre 1994, intitolato "The New Establishment" (Il nuovo establishment), che tracciava il profilo dei re dell'élite dei nuovi media, poco meno della metà delle due dozzine di imprenditori presi in considerazione erano ebrei. Secondo i redattori della rivista, si tratta della vera élite americana, "uomini e donne dell'industria dell'intrattenimento, delle comunicazioni e dell'informatica le cui

---

⁴⁷ *Ibid.* , p. 405.

⁴⁸ *Ibidem.*

ambizioni e la cui influenza hanno reso l'America l'unica vera superpotenza dell'era dell'informazione".

E in alcuni settori chiave dei media, in particolare tra i dirigenti degli studi di Hollywood, gli ebrei sono così numerosi che dire che queste aziende sono controllate da ebrei è poco più di un'osservazione statistica.

"Se c'è un potere ebraico, è il potere della parola, il potere degli editorialisti e degli opinionisti ebrei", afferma Eugene Fisher, direttore delle relazioni cattolico-ebraiche della Conferenza nazionale dei vescovi cattolici e uno dei più accaniti difensori della comunità ebraica nei circoli religiosi cristiani. "La comunità ebraica di è altamente istruita e ha molto da dire. E se si può influenzare l'opinione, si possono influenzare gli eventi.[49]

IL PESO DEI MEDIA È SINONIMO DI INFLUENZA POLITICA

Nonostante l'antisemitismo che si cela nelle teorie cospirative ebraiche, la nozione di influenza ebraica nei media non è necessariamente antisemita in sé. Il fatto scomodo è che, in effetti, "gli ebrei hanno inventato Hollywood", come ha detto lo storico Neal Gabler nell'infelice sottotitolo del suo studio storico del 1988, *An Empire of Their Own*.

La macchina da presa è stata inventata da non ebrei, ma la fabbrica dei sogni di Hollywood è stata creata da una manciata di imprenditori ebrei immigrati. Essi videro il potenziale del cinema come strumento di narrazione e costruirono gli studios, i sistemi di distribuzione e i cinema per promuoverlo a livello nazionale. Questi pochi individui hanno trasformato una curiosità tecnologica in un'industria multimiliardaria.

---

[49] J. J. Goldberg. *Jewish Power: Inside the American Jewish Establishment*. (Reading, Massachusetts: Addison-Wesley Publishing Company, Inc., 1996), p. 280.

Una generazione dopo, un giovane gruppo di imprenditori ebrei fece la stessa cosa con il trasmettitore radio, il microfono e la telecamera televisiva....

Alla fine del XX secolo, Hollywood era ancora un'industria con forti connotazioni etniche. Praticamente tutti gli alti dirigenti dei principali studios erano ebrei. Gli sceneggiatori, i produttori e, in misura minore, i registi sono sproporzionatamente ebrei: uno studio recente ha dimostrato che questa percentuale raggiunge il 59% per i film più redditizi.

Il peso combinato di così tanti ebrei in una delle industrie più lucrative e importanti d'America dà agli ebrei di Hollywood un grande potere politico.... Ma lo stesso si potrebbe dire, in misura molto maggiore, di altri settori di attività in cui ci sono grandi concentrazioni di ebrei: Wall Street, il settore immobiliare di New York o l'industria dell'abbigliamento.

In ognuno di questi settori, gli ebrei costituiscono un blocco significativo - una minoranza significativa a Wall Street, una quasi maggioranza nell'abbigliamento e nelle proprietà commerciali - e hanno tradotto la loro influenza in una presenza visibile sulla scena politica.[50]

"MEGLIO" DELLA "MAGGIOR PARTE DEGLI ALTRI" GRUPPI

... Sebbene lo stereotipo degli ebrei uniformemente ricchi sia sbagliato, essi sono comunque mediamente più agiati dei membri della maggior parte degli altri gruppi etnici e religiosi. Nel 1984, ad esempio, meno di una famiglia ebrea americana su sei aveva un reddito inferiore a 20.000 euro, rispetto a una famiglia bianca non ispanica su due.

All'altra estremità della piramide del reddito, il 41% delle famiglie ebraiche aveva un reddito di 50.000 dollari o più, quattro volte superiore a quello dei bianchi non ispanici.

---

[50] *Ibidem*, pp. 286-288.

Una delle ragioni di questa differenza è che gli ebrei sono più istruiti degli altri americani. Tre uomini ebrei su cinque hanno un titolo di studio superiore, quasi tre volte di più rispetto ai bianchi non ispanici; uno su tre ha una laurea o un diploma professionale, tre volte e mezzo in più rispetto alla popolazione nel suo complesso.

Le disparità sono più o meno le stesse tra donne ebree e non ebree: le prime hanno il doppio delle probabilità rispetto alle seconde di essere laureate e il quadruplo di essere diplomate o laureate.

Oggi, inoltre, la frequenza universitaria è quasi universale tra i giovani ebrei. Un'indagine nazionale del 1980 sugli studenti delle scuole superiori ha rilevato che l'83% degli studenti ebrei progettava di andare all'università e la metà di loro prevedeva di proseguire con l'istruzione superiore o professionale; tra gli studenti bianchi non ebrei, la metà progettava di andare all'università e meno di un quinto prevedeva di proseguire con l'istruzione superiore o professionale.

La differenza è sia qualitativa che quantitativa. Non solo gli ebrei sono più istruiti, ma ricevono anche un'istruzione migliore... Dagli anni Cinquanta o Sessanta, quando le istituzioni della Ivy League hanno adottato politiche di ammissione meritocratiche, gli ebrei rappresentano circa un terzo della popolazione studentesca universitaria e circa la stessa percentuale in legge e medicina.[51]

CHI DOMINA L'"ÉLITE AMERICANA"

Secondo uno studio sulle origini etniche e razziali delle persone elencate nell'edizione 1974-75 di *Who's Who in America*, gli ebrei avevano due volte e mezzo in più la probabilità di essere elencati rispetto ai membri della popolazione generale. Inoltre, in proporzione alla popolazione, gli ebrei erano più del doppio delle persone di origine inglese, il gruppo che un tempo dominava l'élite americana. Il cambiamento rispetto al mezzo secolo precedente è sorprendente: nel 1924-25, le persone di origine inglese avevano quasi due volte e mezzo in più la probabilità di essere elencate rispetto agli ebrei americani... In

---

[51] Charles E. Silberman. *A Certain People* (New York: Summit Books/Simon & Schuster, Inc., 1985), pagg. 118-119.

un'analisi condotta nel 1971-1972 su un gruppo molto più ristretto di dirigenti in circa otto settori di attività, i sociologi Richard D. Alba e Gwen Moore hanno rilevato una concentrazione ancora maggiore.

Delle 545 persone studiate, l'11,3% era ebreo, quattro volte di più rispetto alla popolazione generale... Il fenomeno non è limitato agli Stati Uniti. In Gran Bretagna, gli ebrei rappresentano circa l'1% della popolazione, ma dal 6 al 10% dell'élite britannica; in Australia, dove gli ebrei rappresentano lo 0,5% della popolazione, costituiscono il 5% dell'élite...

La rappresentanza ebraica tra gli imprenditori di successo è notevolmente più alta che tra i leader d'azienda: circa il 23% delle persone presenti nella lista *Forbes* del 1984 dei 400 americani più ricchi erano ebrei..... La percentuale esatta varia un po' da un anno all'altro.

Nel 1982, primo anno di pubblicazione della *Forbes* 400, 105 membri del gruppo, pari al 26%, erano ebrei. Questa cifra è scesa a 98 (25%) nel 1983, quando il boom del mercato azionario ha catapultato un certo numero di nuovi arrivati nella lista, e a 93 (23%) nel 1984.[52]

L'ÉLITE UNIVERSITARIA AMERICANA

Qualunque sia la proporzione esatta (e l'élite di una persona è il coté di un'altra), non c'è dubbio che gli ebrei svolgano un ruolo importante nella vita intellettuale americana.

Nel 1975, ad esempio, gli ebrei rappresentavano il 10% di tutti i professori, ma il 20% di quelli che insegnavano nelle università d'élite; quasi la metà dei professori ebrei - rispetto al 24% dei professori episcopali e al 17% dei professori cattolici - insegnava nelle istituzioni di più alto livello.

I professori ebrei sono anche molto più propensi a pubblicare articoli in riviste accademiche rispetto ai loro colleghi non ebrei; ad esempio, gli

---

[52] *Ibidem*, pagg. 143-144.

ebrei rappresentano il 24% dell'élite accademica, ovvero coloro che hanno pubblicato venti o più articoli.[53]

INSEGNANTI DI SCUOLA D'ÉLITE

L'ondata di accademici ebrei è relativamente recente. Nel 1940, solo il 2% dei professori americani era ebreo. Nel 1970, questa cifra era quintuplicata, raggiungendo il 10%. Le quote restrittive della prima metà del secolo sono terminate e una nuova generazione di ebrei si è formata in numero maggiore.

Negli anni '90, gli ebrei rappresentavano il 35% dei professori delle scuole d'élite e oggi un ebreo è stato presidente di quasi tutte le istituzioni d'élite, tra cui Harvard, Yale, Penn, Columbia, Princeton, MIT e l'Università di Chicago.[54]

INSEGNANTI EBREI MEGLIO PAGATI

Poiché gli ebrei frequentano generalmente istituti più prestigiosi e scelgono posizioni nelle scuole professionali di legge, medicina, scienze e commercio, la loro retribuzione è molto più alta di quella dell'insegnante medio.[55]

DECISIONE CHIAVE" NELL'INFORMAZIONE TELEVISIVA; QUASI UN TERZO DELL'"ÉLITE DEI MEDIA".

Nel complesso, il giornalismo è diventato una professione intellettualmente eccitante, ragionevolmente ben pagata e prestigiosa, in cui gli ebrei svolgono un ruolo sempre più importante.

Nel 1982, ad esempio, gli ebrei rappresentavano poco meno del 6% della stampa nazionale nel suo complesso, ma il 25-30% dell'"élite dei

---

[53] *Ibid.*, p. 144.

[54] Silbiger, p. 92.

[55] *Ibid.*, p. 93.

media" - coloro che lavorano per il *New York Times*, il *Washington Post* e il *Wall Street Journal*, *Time*, *Newsweek* e *U.S. News & World Report*, nonché le divisioni giornalistiche della CBS, della NBC, della ABC e del Public Broadcasting System e delle sue principali stazioni. (Secondo uno studio del 1971, il numero di ebrei nell'élite dei media è pari al 25%).

Se guardiamo alle posizioni decisionali chiave, il ruolo degli ebrei sembra ancora più importante.[56]

INFLUENTI" NELLA "GESTIONE DELLE NOTIZIE TELEVISIVE"

Gli ebrei sono altrettanto influenti, anche se meno conosciuti, nella gestione delle notizie televisive. Sono i corrispondenti del canale, naturalmente, che sono diventati nomi noti, compresi gli ebrei...

Tuttavia, la maggiore concentrazione di ebrei si trova tra i produttori - e sono i produttori a decidere quali argomenti saranno trasmessi, per quanto tempo e in quale ordine.

Nel 1982, prima di un cambio di assegnazione, i produttori esecutivi dei tre telegiornali serali erano ebrei, così come i produttori esecutivi di 60 Minutes della CBS e 20/20 della ABC.

Sono quasi altrettanti gli ebrei che ricoprono le posizioni di "senior producer" e "programme producer", oltre a quelle dirigenziali.[57]

LIBRI DI O SUGLI EBREI

[La sezione recensioni del *Washington Post* del 18 ottobre 1992 è piena di libri scritti da ebrei o su ebrei: sullo sport e l'esperienza ebraica americana; una biografia di Bill Graham, sopravvissuto all'Olocausto e grande impresario di rock & roll; la storia di una famiglia dell'alta borghesia newyorkese infettata dall'antisemitismo; il ritratto di gruppo

---

[56] Silberman, pp. 152-153.

[57] *Ibidem*, pagg. 153-154.

di una donna sudafricana del suo gruppo di amici ebrei; il libro di una coppia di ebrei sugli investimenti stranieri in America, che analizza i problemi della lealtà multipla e dell'influenza straniera insieme alle questioni dell'assimilazione; e il libro di un autore ebreo sulla politica dell'istruzione superiore, che discute il multiculturalismo in termini tratti dall'integrazione degli ebrei nella società americana.[58]

EDITORIALISTI E COMMENTATORI PRO-ISRAELIANI

In un articolo pubblicato su MSNBC.com il 2 aprile 2003, lo scrittore ebreo americano Eric Alterman ha fornito una visione affascinante della preponderanza di commenti pro-israeliani tra gli editorialisti e i commentatori dei media americani, non tutti (ovviamente) ebrei, ma che - nella maggior parte dei casi - lavorano per media che spesso sono di proprietà di interessi finanziari ebraici o sono fortemente influenzati dalla comunità ebraica.

Segue l'elenco fornito da Alterman, anche se non è stato incluso un elenco considerevolmente più piccolo di altri editorialisti che criticano Israele, tra cui nomi ovvi come Pat Buchanan.

Si noti che il materiale descrittivo che precede i vari elenchi di nomi è la terminologia di Alterman, anche se abbiamo segnalato i cronisti che non sono noti come ebrei mettendo i loro nomi propri in corsivo. Tra parentesi abbiamo anche aggiunto materiale di nostra proprietà, chiaramente indicato come inserimento editoriale.

Colonnisti e commentatori su cui si può contare per sostenere Israele di riflesso e senza riserve.

- *George Will*, The Washington Post, Newsweek e ABC News

- William Safire, The New York Times

---

[58] Barry Rubin. *L'assimilazione e i suoi scontenti*. (New York: Times Books/Random House, 1995), p. xiii.

- A.M. Rosenthal, *New York Daily News*, ex redattore ed editorialista del *New York Times*.

- Charles Krauthammer, *The Washington Post*, PBS, *Time* e *The Weekly Standard*, già *The New Republic*

- Michael Kelly, *The Washington Post, The Atlantic Monthly, National Journal* e MSNBC.com, già del *New Republic* e del *New Yorker* [ora deceduto - ucciso durante la guerra in Iraq].

- Lally Weymouth, *The Washington Post, Newsweek*

[La signora Weymouth è per metà ebrea, essendo figlia di Katharine Meyer Graham, ex direttrice del Washington Post, e del suo defunto marito Philip Graham, non ebreo (e, ironicamente, antisemita)].

- Martin Peretz, *La Nuova Repubblica*

- Daniel Pipes, *The New York Post* [Nota: Pipes è stato citato per dire che non è ebreo, ma molte fonti sostengono il contrario].

- *Andrea Peyser, The New York Post*

- Dick Morris, *New York Post*

- Lawrence Kaplan, *La Nuova Repubblica*

- *William Bennett*, CNN

- William Kristol, *The Washington Post, The Weekly Standard*, Fox News, precedentemente ABC News

- Robert Kagan, *The Washington Post* e *The Weekly Standard*

- Mortimer Zuckerman, *US News and World Report* [Zuckerman è stato recentemente presidente della Conferenza dei presidenti delle principali organizzazioni ebraiche americane].

- David Gelernter, *The Weekly Standard*

- John Podhoretz, *The New York Post* e *The Weekly Standard*

- Mona Charen, *Washington Times*

- Morton Kondracke, *Roll Call*, Fox News, già del McLaughlin Group, *The New Republic* e PBS

- *Fred Barnes, The Weekly Standard*, Fox News, già *The New Republic*, The McLaughlin Group e *The Baltimore Sun*.

- Sid Zion, *Il New York Post, Il New York Daily News*

- Yossi Klein Halevi, *La Nuova Repubblica*

- Norman Podhoretz, *Commento*

- Jonah Goldberg, *National Review*

- *Laura Ingraham*, CNN, in precedenza MSNBC e CBS News

- Jeff Jacoby, *The Boston Globe*

- Rich Lowry, *National Review*

- *Andrew Sullivan, La Nuova Repubblica*

- Seth Lipsky, *The Wall Street Journal* e *The New York Sun*, ex del Jewish *Forward*

- Irving Kristol, *L'interesse pubblico, L'interesse nazionale* e la pagina editoriale *del Wall Street Journal*

- *Allan Keyes*, MSNBC, WorldNetDaily.com

- *Brit Hume*, Fox News

- *John Leo, US News and World Report*

- *Robert Bartley*, pagina editoriale del *Wall Street Journal*

- John Fund, *Giornale d'opinione del Wall Street Journal*, ex pagina editoriale *del Wall Street Journal* [Origini etniche sconosciute, ndr].

- *Peggy Noonan*, pagina editoriale del *Wall Street* Journal,

- Ben Wattenberg, *Washington Times*, PBS

- *Tony Snow, Washington Times* e Fox News

- Lawrence Kudlow, *National Review* e CNBC

- Alan Dershowitz, *The Boston Herald, The Washington Times*

- David Horowitz, Frontpage.com

- Jacob Heilbrun, *Los Angeles Times*

- *Thomas Sowell, Washington Times*

- Frank Gaffney Jr, *The Washington Times* [Nota: l'origine etnica di Gaffney è sconosciuta, anche se si dice che sia nato in una famiglia gentile ma si sia convertito all'ebraismo].

- *Emmett Tyrell, The American Spectator* e *The New York Sun*

- *Cal Thomas, Washington Times*

- *Oliver North, The Washington Times* e Fox News, ex MSNBC

- Michael Ledeen, *Jewish World Review*

- *William F. Buckley, National Review* [Nota: sebbene Buckley sia ampiamente riconosciuto come "cattolico irlandese" e sia noto come un cattolico devoto, la sua formazione cattolica romana non proviene, come generalmente si crede, dalla parte del padre scozzese-irlandese, ma piuttosto da quella della madre.

Sebbene la madre di Buckley fosse nata a New Orleans in una famiglia cattolica tedesca di nome Steiner, l'editorialista *del Chicago Tribune* Walter Trohan disse privatamente a persone intime di aver capito che la famiglia Steiner era originariamente ebrea e che si era convertita al cattolicesimo romano, come molte famiglie ebree di New Orleans durante il XVIII e XIX secolo. Questa potrebbe essere stata la prima volta che la rivelazione di Trohan è stata pubblicata. Tuttavia, per comodità, qui tratteremo Buckley come "non ebreo", indipendentemente dalla sua ascendenza dichiarata].

- *Bill O'Reilly*, Fox News

- Paul Greenberg, *Arkansas Democrat-Gazette*

- *L. Brent Bozell,* Washington Times

- *Todd Lindberg, Washington Times*

- *Michael Barone, US News and World Report* e Gruppo McLaughlin

- *Ann Coulter, Human Events*

- *Linda Chavez,* Creators Syndicate [Nota: sebbene la signora Chavez sia stata educata in modo cattolico, suo marito è ebreo e si dice che si sia convertita all'ebraismo].

- Cathy Young, *Reason* Magazine [Nota: la redazione non conosce l'origine etnica della signora Young].

- Uri Dan, *New York Post*

- Laura Schlessinger, conduttrice radiofonica

- *Rush Limbaugh,* conduttore radiofonico

Pubblicazioni che, per ragioni di proprietà o di editore, possono essere considerate di sostegno riflesso e senza riserve a Israele

- *La Nuova Repubblica* (Martin Peretz, Michael Steinhardt, Roger Hertog, proprietari)

- *Commento* (Comitato ebraico americano, proprietario)

- *US News and World Report* (Mortimer Zuckerman, proprietario)

- *Il New York Daily News* (Mortimer Zuckerman, proprietario)

- *Il New York Post* (Rupert Murdoch, proprietario) [Nota: Murdoch è di origine ebraica, almeno in parte].

- *The Weekly Standard* (Rupert Murdoch, proprietario)

- Pagina editoriale del *Wall Street* Journal (Peter Kann, caporedattore)

- *The Atlantic Monthly (Michael Kelly,* caporedattore) [Nota: Kelly è ora deceduto, ma la rivista, di proprietà del già citato Mortimer Zuckerman, rimane saldamente nel campo israeliano].

È probabile che gli editorialisti siano critici sia nei confronti di Israele che dei palestinesi, ma si considerano sostenitori di Israele e, in ultima analisi, sosterrebbero la sicurezza israeliana piuttosto che i diritti dei palestinesi.

- Thomas Friedman, *New York Times*

- Richard Cohen, *Washington Post* e *New York Daily News*

- Avishai Margolit, *The New York Review of Books*

- David Remnick, *The New Yorker*

- Eric Alterman, *The Nation* e MSNBC.com

- *Il* comitato editoriale *del New York Times*

- *Il* comitato editoriale *del Washington Post*[59]

È chiaro che gli elenchi di Alterman sono molto istruttivi e dimostrano senza ombra di dubbio che, quando si tratta di copertura mediatica della questione mediorientale, esiste una predominanza di pregiudizi ebraici e filoisraeliani.

I nomi presenti negli elenchi di Alterman sono praticamente la "crème de la crème" dell'élite mediatica statunitense. Chiunque suggerisca che non ci siano pregiudizi pro-Israele da parte dei commentatori dei media d'élite sta parlando con un'agenda e dovrebbe quindi essere respinto.

Inutile dire che non tutti i nomi presenti negli elenchi di Alterman sono ebrei, tutt'altro, quindi non si può dire che "solo gli editorialisti ebrei sono pro-Israele". In effetti, molti scrittori non ebrei hanno adottato una posizione pedissequamente filoisraeliana e, francamente, ciò ha giovato alle loro carriere. E potrebbe essere la migliore spiegazione del perché

---

[59] Eric Alterman su MSNBC.com

persone altrimenti intelligenti ed equilibrate sembrano improvvisamente perdere il buon senso sulla singola questione di Israele. In breve, promuovere Israele è un affare redditizio, anche se spesso è negativo per l'America

L'EFFETTO JOE LIEBERMAN: DENARO EBRAICO "NASCOSTO AL PUBBLICO"

Nessuno sa con certezza quanta parte del denaro del Partito Democratico provenga da contribuenti ebrei ("Non abbiamo nemmeno statistiche al riguardo", dice il Comitato Nazionale Democratico), ma le stime di fonti ben informate - che hanno rifiutato di commentare - partono dal 30% e salgono da lì.

Secondo il Center for Responsive Politics, gli ebrei rappresentano più di un terzo dei maggiori donatori individuali della DNC (a partire da 100.000 dollari), secondo i rapporti pubblicati dalla Federal Election Commission [nell'agosto 2000].....

Se si crede all'aneddotica, il DNC potrebbe raccogliere tra i 5 e i 30 milioni di dollari (fino al 75% in più di quanto gli ebrei hanno donato nei precedenti cicli elettorali), oltre al suo obiettivo di raccolta fondi di almeno 130 milioni di dollari. Altri 30 milioni di dollari equivarrebbero a quasi l'intera somma spesa dai Democratici per la pubblicità quest'estate.

In una corsa serrata in cui i repubblicani hanno un leggero vantaggio finanziario, il denaro extra dei democratici potrebbe fare la differenza, probabilmente più del cambiamento più drastico negli elettori ebrei...

Potenzialmente più significativo è il modo in cui la scelta del senatore del Connecticut trasforma i raccoglitori di fondi per le cause ebraiche in raccoglitori di fondi per Gore-Lieberman... Il notevole sforzo finanziario della comunità ebraica per il ticket democratico farà la differenza? No, come potrebbe immaginare Pat Buchanan.

I donatori ebrei di Gore e Lieberman non stanno cercando di rendere il candidato legato a "interessi ebraici" di alcun tipo. Non sono d'accordo su molte questioni politiche e il loro sostegno è più un atto di orgoglio comunitario che un investimento in un comportamento futuro. Ma le donazioni potrebbero comunque avere un impatto sulle elezioni. Quindi, in una strana nota storica, l'effetto elettorale più importante della scelta di Joe Lieberman potrebbe rimanere in gran parte nascosto a un pubblico che altrimenti sembra ossessionato dalle minuzie della sua candidatura.[60]

IL SEGRETO DELLA RICCHEZZA EBRAICA

Max Geltman, un reazionario identificato con la *National Review*, ha rivelato nel suo libro, *The Confrontation*, che: "È ormai un segreto aperto che nel 1957 l'American Jewish Committee intercedette con il Census Bureau di Washington e lo pregò di non chiedere i redditi relativi ai gruppi nazionali nel censimento del 1960, per evitare che i livelli di reddito relativamente alti della minoranza ebraica portassero a indignazioni antisemite". L'Ufficio si adeguò".[61]

IL GRUPPO ETNICO PIÙ RICCO

Sebbene [gli ebrei] rappresentino il 2,54% della popolazione, ricevono circa il 5% del reddito nazionale. Gli ebrei rappresentano quasi il 7% della classe media e alta del Paese.

Nel 1972, quasi 900.000 famiglie ebraiche su due milioni appartenevano alla classe media e alta, mentre solo 13,5 milioni di famiglie americane su 53 milioni erano classificate in questa categoria. Secondo [Gerald Krefetz, in *Jews and Money*], il 43% di tutti gli ebrei guadagnava più di 16.000 dollari, rispetto al 25,5% degli americani. Mentre poco meno del 5% della popolazione ebraica di appartiene a famiglie milionarie, gli ebrei rappresentavano tra il 23% e il 26% dei 400 americani più ricchi tra il 1982 e il 1985, e forse anche di più dei contribuenti milionari, stimati in 574.342 nel 1980.

Non c'è dubbio che, in media, l'ebraismo americano sia il gruppo etnico o religioso più ricco del Paese. Secondo l'*American Demographics* del giugno 1984, il reddito medio annuo delle famiglie ebraiche è di 23.300

---

[60] "Appello ebraico - Può Lieberman colmare il divario di raccolta fondi? Sarah Wildman, nel numero del 18 settembre 2000 di *The New Republic*.

[61] Lenni Brenner. *Jews in America Today* (Seacaucus, New Jersey: Lyle Stuart, 1986), p. 61.

dollari, rispetto ai 21.700 dollari degli episcopaliani. I presbiteriani ricevono in media 20.500 dollari, le persone senza affiliazione religiosa 17.600 dollari, i cattolici 17.400 dollari, i metodisti 17.000 dollari e i luterani 16. dollari. I fondamentalisti bianchi e i battisti del Sud guadagnano più di 14.000 dollari. Le statistiche mostrano che gli ebrei guadagnano più degli episcopaliani e dei presbiteriani, l'archetipo dei WASPS, dalla fine degli anni '60...

Lungi dall'essere un'élite di paria, i ricchi ebrei americani di oggi sono partner a pieno titolo delle loro controparti cristiane.[62]

UN "WHO'S WHO" DELL'ÉLITE EBRAICA...

Ecco un elenco di ricchi ebrei americani, l'origine della loro ricchezza e una stima del loro patrimonio (in dollari del 1986), compilato dallo scrittore ebreo americano Lenni Brenner, basandosi in particolare sulla famosa lista *Forbes* 400 degli americani più ricchi. Un elenco più recente (basato sui dati del 2004) è presentato più avanti in queste pagine, ma l'elenco stesso è istruttivo:

Leonard Abramson U.S. Health Care Systems, Inc. 140 milioni di dollari	Ted Arison Crociere Carnival, immobili, casinò 300 milioni di dollari
Charles, Herbert & Herbert A. Allen. Mercato azionario e immobiliare 549 milioni di euro	Robert Arnow, Jack e Alan Weiler Condivisione di 450 milioni di dollari di immobili
Walter Annenberg 850 milioni di dollari	Arthur Belfer Petrolio peruviano, immobili a New York 475 milioni di dollari
Enid Annenberg Haupt 180 milioni di dollari	Famiglia Belz di Memphis, Tennessee Immobili 250 milioni di dollari

---

[62] *Ibidem*, pagg. 64-65.

Esther Annenberg Simon
180 milioni di dollari

Jeannette Annenberg Hooker
180 milioni di dollari

Lita Annenberg Hazen
180 milioni di dollari

Sala Evelyn Annenberg
180 milioni di dollari

Edmund Ansin
Sunbeam TV Corp.
200 milioni di euro

C. Douglas Dillon
150 milioni di dollari

Richard Dinner
Suoceri della famiglia Swig
(Immobili a San Francisco)
Patrimonio totale della famiglia:
450 milioni di dollari
Sherman Dreiseszun e Frank Morgan
Immobili a Kansas City
banche, centri commerciali
300 milioni di euro

Edward e Sherman Cohen
Proprietà e costruzioni
330 milioni di euro

Seymour Cohn
550 milioni di euro

Charles Benenson
Immobili
200 milioni di dollari

Famiglia Blaustein
850 milioni di euro

Paul Block e William Block
Edizione
300 milioni di euro

Neil Bluhm
Proprietà/Chicago
300 milioni di euro

Judd Malkin
Proprietà/Chicago
300 milioni di euro

Ivan Boesky
150 milioni di dollari

Donald Bren
Immobili
525 milioni di euro

Edgar Bronfman
665 milioni di euro

David, Roy e Seymour Durst
Immobili
550 milioni di euro

Jane Engelhard
Vedova del "Re del Platino
365 milioni di dollari

Henry e Lester Crown
1,1 miliardi di euro

Morton Davidowitz
(alias Morton Davis)
D. H. Brokeraggio Blair
200 milioni di dollari

Leonard Davis
Assicurazione di gruppo
Colonial Penn
230 milioni di dollari

Marvin Davis
Azienda petrolifera Davis
"ancora un miliardario
Forbes nel 1985.

Alfred e Monte Goldman
Immobili ;
Il padre ha inventato il carrello del supermercato.
400 milioni di euro

Sol Goldman
L'ex più grande proprietario di New York
450 milioni di euro

Katharine Graham
L'impero editoriale del
Washington Post
350 milioni di euro

Pincus Green e Marc Rich
Commercianti di materie prime
200 milioni di euro ciascuno

Famiglia Haas
Eredi dell'impero Levi Strauss
775 milioni di euro

Armand Hammer
150 milioni di dollari

Harold Farb
Immobili a Houston
150 milioni di dollari

Larry e Zachary Fisher
Immobili a New York
600 milioni di euro

Max Fisher
Interessi petroliferi e petrolchimici statunitensi e israeliani
225 milioni di dollari

Michel Friburgo
Controlla il 20% del commercio mondiale di cereali
700 milioni di dollari

Paul Kalmanovitz
Birre Falstaff e Pabst, proprietà immobiliari
250 milioni di dollari

Howard Kaskel
Immobili
250 milioni di dollari

Edwin Marion Kauffman
Laboratori Marion. Kansas City Royals
190 milioni di dollari

George Kozmetsky
Teledyne e altri investimenti
175 milioni di euro

Carl e George Landegger
Cartiere
250 milioni di dollari

Leonard e Ronald Lauder
Eredi dei cosmetici Estee Lauder
700 milioni di dollari

Leon Hess
Olio Hess
360 milioni di dollari

Famiglia Horvitz
Immobili in Florida, televisione via cavo
250 milioni di dollari

Peter Kalikow
Immobili
375 milioni di euro

Leonard Litwin
Immobili
200 milioni di dollari

John Loeb
Shearson Lehman/American Express ;
150 milioni di dollari

Robert Lurie
Immobiliare; New York Giants baseball
200 milioni di dollari

Famiglia Mack
Demolizione di edifici
250 milioni di dollari

Jack, Joseph e Morton Mandel
Premier Industrial Corp.
260 milioni di euro

Leonard Marx
Immobili
300 milioni di euro

Bernard Mendik
Immobili
180 milioni di dollari

Norman Lear
Produttore televisivo
175 milioni di euro

Sam LeFrak
Il più grande proprietario di appartamenti d'America;
800 milioni di dollari

Leon Levine
Negozi Family Dollar
315 milioni di euro

Paul e Seymour Millstein
Immobili
275 milioni di euro

Stephen Muss
Immobili
200 milioni di dollari

S. I. Newhouse
L'impero dei media
2,2 miliardi di euro

Robert Olnick
Immobili
200 milioni di dollari

Max Palevsky
Computer
200 milioni di dollari

Famiglia William Paley
La fortuna della televisione CBS
290 milioni di euro

Jack Parker
Immobiliare, produzione di abbigliamento
300 milioni di euro

Dominique de Menil
Figlia di Conrad Schlumberger
200 milioni di dollari

Sy Syms
Vestiti a prezzi stracciati
210 milioni di euro

Prezzo Sol
Merchandiser
200 milioni di dollari

La famiglia Pritzker
Hotel Hyatt
1,5 miliardi di euro

Famiglia Pulitzer
La fortuna del *St. Louis Post Dispatch*
475 milioni di euro

Famiglia Resnick
immobiliare, edilizia
250 milioni di dollari

Meshulum Riklis
Rapid American Corporation
150 milioni di dollari

Famiglia rosa
Immobili
250 milioni di dollari

Famiglia Rosenwald
La fortuna di Sears & Roebuck
300 milioni di euro

Jack e Lewis Rudin
Immobili
700 milioni di dollari

Milton Petrie
Negozi e centri commerciali di Petrie
585 milioni di euro

Victor Posner
Sharon Steel, National Can
250 milioni di dollari

Famiglia Schnitzer
Acciaio, trasporto marittimo, immobiliare
250 milioni di dollari

Famiglia Shapiro
Coni, bicchieri, prodotti di carta monouso
350 milioni di euro
(condiviso tra 70 membri della famiglia)

Peter Sharp
Immobili
250 milioni di dollari

Leonard Shoen
U-Haul
300 milioni di euro

Walter Shorenstein
Immobili
300 milioni di euro

Lawrence Silverstein
Presidente - Consiglio immobiliare di New York
180 milioni di dollari

Herbert e Melvin Simon
Centri commerciali
385 milioni di dollari in totale

Norton Simon
Industriale
200 milioni di dollari

Arthur Sackler
Editoria medica, pubblicità
175 milioni di euro

Stanley Stahl
Immobili
250 milioni di dollari

Ray Stark
Film cinematografici
150 milioni di dollari

Saul Steinberg
Assicurazione
finanziaria/Reliance
400 milioni di euro

Leonard Stern
Cibo per animali Hartz
Mountain
550 milioni di euro

Famiglia di pietra
Stone Container Co.
200 milioni di dollari

Famiglia Sulzberger
L'impero mediatico del *New York Times*
450 milioni di euro

Famiglia Swig
Immobili
300 milioni di euro

Sydney Taper
First Charter Financial
Corporation
300 milioni di euro

Sheldow Solow
Immobili
250 milioni di dollari

A. Alfred Taubman
Immobiliare, fast food
600 milioni di euro

Lawrence e Preston Tisch
Loews Corporation, CBS,
Orologi Bulova
Valore complessivo: 1,7 miliardi di dollari

Lew Wasserman
Agenzia di talenti MCA
220 milioni di dollari

Famiglia Weiler
Immobili
240 milioni di euro

Harry Weinberg
Immobili, titoli, società di autobus
550 milioni di euro

Leslie Wexner
2.500 negozi di abbigliamento specializzati
Una famiglia che vale un miliardo di dollari

Lawrence Wien
Immobili
150 milioni di dollari

Famiglia Wirtz
Immobili, distribuzione di bevande alcoliche,
Chicago Black Hawks, Bulls
350 milioni di euro

Laszlo Tauber
Immobili
(il più grande donatore del governo statunitense)
300 milioni di euro

Famiglia Wolfson
Cinema, canali televisivi
240 milioni di euro

Famiglia William Ziff
Editori Ziff-Davis
650 milioni di dollari

William Zimmerman
Negozi di occasioni Pic-n-Save
150 milioni di dollari

Ezra Khedouri Zilkha
Banca d'investimento, armi da fuoco Colt
150 milioni di dollari

Mortimer Zuckerman
Immobiliare, editoria,
U.S. News & World Report, Atlantic, New York Daily News
200 milioni di dollari[63]

Naturalmente, come abbiamo notato, i nomi e gli importi in dollari sono costantemente soggetti a cambiamenti, e più avanti in queste pagine daremo uno sguardo più aggiornato (utilizzando la lista *Forbes* 400 del 2004) a coloro che fanno parte dell'élite sionista e che sono entrati nella lista dei più ricchi d'America - e del mondo.

Naturalmente, la lista dei 400 di *Forbes* non include le famiglie e gli individui che si trovano al di sotto dei primi 400, e vale la pena sottolineare che una lista del genere - ad esempio, quella dei 1.000 più ricchi - sarebbe molto rivelatrice.

Poiché *Forbes* non classifica i nomi in ordine di priorità, ma solo in ordine alfabetico, è spesso difficile determinare, a prima vista, la predominanza di nomi ebraici - o irlandesi o italiani, se è per questo - nella lista.

Tuttavia, le classifiche *di Forbes* sono molto istruttive e dimostrano senza ombra di dubbio che le famiglie sioniste hanno raggiunto un'immensa ricchezza nell'America di oggi.

Anche se sentiamo molto parlare di "crimini d'odio", di "aumento dell'antisemitismo" e dell'orrore dei crimini commessi in passato

---

[63] Questo elenco è tratto, in forma abbreviata, dalle pagine 65-78 di *Jews in America Today* di Lenni Brenner.

contro il popolo ebraico, gli stessi media che ci parlano di tutto questo non sembrano intenzionati a sottolineare che il popolo ebraico d'America ha ricchezze che vanno oltre la più fervida immaginazione della maggior parte delle persone.

Ma continuiamo...

COSA CREDONO I LEADER EBREI...

Lo studio più importante sulla leadership dei giovani [attivisti delle comunità ebraiche] è quello del professor del Brandeis Jonathan Woocher, "The 'Civil Judaism' of Communal Leaders", pubblicato nell'*American Jewish Year Book* del 1981. Ha studiato 309 partecipanti della classe media e medio-alta ai programmi di sviluppo della leadership dell'United Jewish Appeal e delle federazioni comunitarie. Secondo il professor...

"Quasi il 65% di loro nega che i valori ebraici siano fondamentalmente uguali a quelli di tutte le religioni, e più di tre quarti riconoscono una responsabilità ebraica "speciale" nella lotta per la giustizia nel mondo...

"Quasi il 60%... considera il contributo ebraico alla civiltà moderna più importante di quello di qualsiasi altro popolo... il 70%... dichiara di provare più emozioni ascoltando "Hatikvah" (l'inno di Israele) che "The Star Spangled Banner"... la maggioranza rifiuta l'idea che un ebreo americano debba la sua principale lealtà agli Stati Uniti".

"Inoltre, mentre tutti gli americani, tranne una manciata, sono felici di essere americani, solo il 54% è fortemente felice di esserlo, rispetto all'86% che dice fortemente di essere felice di essere ebreo.... Il 63% ... afferma esplicitamente che gli ebrei sono il popolo eletto (e solo il 18% non è d'accordo)".[64]

L'INFLUENZA POLITICA VA OLTRE I NUMERI

... [Essendo gli ebrei il gruppo più ricco del Paese, è naturale che, come ha scritto Will Maslow, consigliere generale dell'American Jewish

---

[64] Citato in Brenner, p. 111.

Congress [in *The Structure and Functioning of the American Jewish Community*]:

"La percentuale di ebrei... che sono coinvolti negli affari del partito come decisori e raccoglitori di fondi è probabilmente più alta di quella di qualsiasi altro gruppo razziale, religioso o etnico. Il risultato è che gli ebrei svolgono un ruolo nella vita politica del Paese la cui importanza supera di gran lunga la loro percentuale sulla popolazione totale".[65]

EBREI AL SENATO DEGLI STATI UNITI

Barbara Boxer (D-Calif.)	Norm Coleman (R-Minn.)
Russ Feingold (D-Wis.)	Dianne Feinstein (D-Calif.)
Herb Kohl (D-Wis.)	Frank Lautenberg (D-N.J.)
Carl Levin (D-Mich.)	Charles Schumer (D-N.Y.)
Arlen Specter (R-Pa)	Ron Wyden (D-Ore)

GLI EBREI NEGLI STATI UNITI CASA DEI RAPPRESENTANTI

Gary Ackerman (D-N.Y.)	Shelley Berkley (D-Nev.)
Howard Berman (D-Calif.)	Eric Cantor (R-Va.)
Ben Cardin (D-Maryland)	Susan Davis (D-Calif.)
Rahm Emanuel (D-Ill.)	Eliot Engel (D-N.Y.)
Bob Filner (D-Calif.)	Barney Frank (D-Mass.)
Jane Harman (D-Ca.)	Steve Israel (D-N.Y.)
Tom Lantos (D-Calif.)	Sander Levin (D-Mich.)
Nita Lowey (D-N.Y.)	Jerrold Nadler (D-N.Y.)

---

[65] Brenner, pp. 120-121.

Steve Rothman (D-N.J.) Bernie Sanders (I-Vt.)
Jan Schakowsky (D-Ill.) Adam Schiff (D-Calif.)
Debbie Wasserman Schulz (D-Fla.) Allyson Schwartz (D-Pa.)
Brad Sherman (D-Calif.) Henry Waxman (D-Calif.)
Anthony Weiner (D-N.Y.) Robert Wexler (D-Fla.)

QUASI IL DOPPIO DEL POTERE DI VOTO

Gli ebrei rappresentano il 10,6% della popolazione dello Stato di New York. Rappresentano il 5,9% della popolazione del New Jersey, con 100.000 persone nella Contea di Bergen e altre 95.000 nella Contea di Essex. Gli ebrei costituiscono il 4,8% della popolazione del Distretto di Columbia. Rappresentano il 4,7% della popolazione della Florida, di cui 225.000 nella sola Miami. Rappresentano il 4,6% del Maryland, con 100.000 persone nelle contee di Montgomery e Prince Georges e 92.000 a Baltimora, e il 4,3% del Massachusetts, con 170.000 ebrei a Boston.

Forse rappresentano solo il 3,2% dei californiani, ma ci sono 500.870 ebrei nell'area di Los Angeles e 75.000 ebrei costituiscono circa il 10% della popolazione di San Francisco. Philadelphia conta 295.000 ebrei e Chicago 253.000.

Essendo il segmento più istruito dell'elettorato, gli ebrei votano in proporzione maggiore rispetto a qualsiasi altro gruppo etnico o religioso.

Il 92% degli ebrei vota alle elezioni nazionali, rispetto al 54% della popolazione generale. Gli ebrei rappresentano solo il 10,6% dello Stato di New York, ma costituiscono tra il 16 e il 20% degli elettori. Ancora più importante è il fatto che alle primarie democratiche dell'aprile 1984 nello Stato di New York gli ebrei rappresentavano il 30% degli elettori e si stima che abbiano rappresentato il 41% dei voti di Mondale. Di solito rappresentano quasi il 50% degli elettori democratici alle elezioni comunali.[66]

GLI EBREI "AMPLIFICANO IL LORO POTERE DI VOTO

Sebbene gli ebrei costituiscano una piccola minoranza, esercitano il loro diritto di voto, rafforzando così il loro potere elettorale. Circa l'80% degli ebrei eleggibili negli Stati Uniti è registrato per votare, rispetto a circa il 50% di tutti gli adulti in età di voto. Inoltre, gli ebrei registrati hanno il doppio delle probabilità di votare. La combinazione dei due fattori triplica il potere di voto degli ebrei. Inoltre, l'81% degli ebrei vive in soli nove Stati, il che li rende un importante blocco politico, soprattutto a livello nazionale. Nelle elezioni presidenziali, questi nove Stati rappresentano 202 dei 535 voti del Collegio elettorale. La popolazione ebraica potrebbe quindi far pendere l'ago della bilancia in caso di elezioni presidenziali ravvicinate.[67]

CONCENTRAZIONE DELLA POPOLAZIONE EBRAICA E PERCENTUALE DELL'ELETTORATO TOTALE

	degli ebrei	dell'elettorato
New York	9.0	18.3
New Jersey	5.5	9.9
Florida	4.7	8.2
Massachusetts	4.5	8.3
Maryland	4.3	8.1
Connecticut	3.0	6.2
California	3.0	6.2

---

[66] *Ibidem*, pagg. 119-120.

[67] Silbiger, p. 53.

Pennsylvania 2.7 4.9

Illinois 2.3 3.9

FONTE[68]

COMITATI D'AZIONE POLITICA EBRAICA (PAC)

Quello che segue è un elenco esemplificativo, ma non certo esaustivo, dei comitati di azione politica (PAC) che operano oggi nella sfera di influenza degli ebrei americani. Quasi tutti portano nomi del tutto innocui che non riflettono la loro inclinazione ebraica o filoisraeliana. In realtà, la maggior parte (se non tutti) questi PAC sono orientati all'elezione di candidati pro-Israele e la loro influenza combinata indica un sorprendente conglomerato di potere finanziario e politico.

Sebbene, in un primo momento, elencare questa lista apparentemente infinita di nomi che, a prima vista, non significano molto, possa sembrare un terribile spreco di carta stampata, vale la pena ricordare che questi PAC - così ampiamente diffusi in tutta l'America - hanno da tempo la possibilità di lavorare insieme per eleggere i candidati di loro scelta. Certo, tutti sostengono di essere "indipendenti" l'uno dall'altro, ma chi ci crede è pronto a credere a qualsiasi cosa

PAC nazionale (Washington, DC)

Comitato d'azione congiunta per gli affari politici (Illinois)

Comitato d'azione politica organizzata dei cittadini (California)

Caucus del deserto (Arizona)

PAC della Valle del Delaware (Pennsylvania)

24° distretto congressuale della California PAC

PAC della Valle dell'Hudson (New York)

Comitato della capitale del Texas

PAC East Midwood (New York)

---

[68] Ibidem.

Balpac (Illinois)

PAC per il buon governo del Connecticut

PAC cittadino (Illinois)

PAC Costa d'Oro (Florida)

Comitato elettorale della contea di Orange (California) South Bay Citizens for Good Government (California) Icepac (New York)

Topac (Illinois)

PAC di Long Island (New York)

Comitato di azione governativa (Texas)

PAC della Contea di Kings (New York)

PAC dello Stato dell'Oceano (Rhode Island)

Tennesseans for Better Government

Americani per un Congresso migliore (Illinois)

Caroliniani del Sud per un governo rappresentativo

PAC dello Stato d'Argento (Nevada)

Per l'integrità del governo (Texas)

Badger PAC (Wisconsin)

Caucus della Florida meridionale

PAC Suffolk (New York)

PAC Giovani Americani (California)

PAC di Seattle (Stato di Washington)

Fondo per la libertà (Washington, DC)

Chaipac (Missouri)

Comitato politico di Walters Construction Management (Colorado) Garden PAC (New Jersey)

PAC del New Jersey settentrionale (New Jersey)

Americani per una migliore cittadinanza (New York)

PAC AG (Iowa)

PAC per la regione del Texas meridionale

PAC Pennsylvania nord-orientale

PAC del patrimonio (Massachusetts)

Chipac/un'organizzazione no-profit dell'Illinois

Mississippiani per un governo responsabile

Comitato congressuale della Florida

Louisans for Better Government

Tavola rotonda PAC (New York)

San Franciscans for good government

Americani per il buon governo (Alabama)

Comitato d'azione nazionale (Florida)

PAC nazionale bipartisan (Washington, DC)

Comitato politico femminile di Hollywood

PAC di Mid-Manhattan

Cittadini preoccupati per l'interesse nazionale (Illinois) Cittadini politicamente interessati dell'Arizona

Mopac (Michigan)

PAC dello Stato Giardino (New Jersey)

PAC Pacifico (California)

Comitato della campagna congressuale del Massachusetts

Comitato d'azione del Congresso del Texas

PAC multi-stakeholder (Illinois)

Louisianans for American Security PAC (Les Louisianais pour la sécurité américaine)

Women's Pro-Israel National PAC (Washington, DC) Cittadini della Georgia per il buon governo

Comitato per 18 (Colorado)

Chicagoans for a Better Congress (Illinois)

PAC comunitario di San Diego (California)

PAC Heartland (Washington, DC)

Tx PAC (Texas)

Proteggere il nostro patrimonio (Illinois)

Louis PAC

Associazione per il buon governo della regione di Sacramento

Comitato per la religione e la tolleranza (Washington, DC) Adler Group, Inc. PAC (Florida)

R R D et B Comitato per il buon governo (Washington D.C.) Baypac (Florida)

Associazione dei cittadini preoccupati del Maryland

Campagna per l'America (New Jersey)

Cinque città PAC (New York)

Cap PAC (Washington, DC)

PAC del Basso Westchester (New York)

Freedom Now (California)

Caucus d'azione politica del sud-ovest (Nuovo Messico)

Costa dei Barbari (California)

Stato Pac (New York)

PAC Pennsylvania

PAC Wilamette (Oregon)

PAC South-Brook (New York)

PAC di mobilitazione (New York)[69]

E che ci crediate o no, questo elenco non è nemmeno completo! Ma è certamente un campione rappresentativo che mostra come i sionisti abbiano abilmente camuffato i loro PAC con nomi innocui.

---

[69] Gli elenchi dei comitati d'azione politica ebraici sono apparsi nel corso degli anni in un'ampia varietà di pubblicazioni e su Internet. Questo elenco di comitati d'azione politica ebraici è un conglomerato di diversi di questi elenchi.

I PAC vanno e vengono, ma quelli di orientamento ebraico si sono dimostrati tra i più longevi ed è ironico che queste organizzazioni politicamente influenti siano emerse dopo lo scandalo Watergate, in un momento in cui la "riforma" era nell'aria.

In realtà, come dimostra la crescente influenza di questi PAC, le "riforme" post-Watergate hanno portato all'effettiva istituzione del potere politico ebraico sulla scena americana, forse in un modo mai visto prima.

IMMIGRATI ISRAELIANI E CRIMINALITÀ ORGANIZZATA

Tra il 1950 e il 1979, 96.504 cittadini israeliani hanno ottenuto lo status di immigrati legali in questo Paese. Il numero di immigrati clandestini è stimato in 23.000. Gli israeliani nati nel Paese sono la maggioranza dal 1966 e circa il 75% dal 1978. Il numero di immigrati aumenta di circa il 10% ogni anno. Poco meno di un ebreo americano su 50 è oggi un ex israeliano.

Tre quarti di loro vivono a New York, nel New Jersey, nell'Illinois o in California, per lo più in aree ad alta concentrazione ebraica. Più del 70% di loro sono professionisti e impiegati, ma circa il 5% lavora nel settore dei servizi, in particolare come tassisti e talvolta come proprietari di flotte.

Il loro alto profilo ha dato al pubblico l'illusione che la maggior parte degli immigrati appartenesse alla classe inferiore. C'è però un elemento che ha profondamente pregiudicato molti ebrei nei loro confronti. Il 29 aprile 1984, il *Jerusalem Post* riportava che uno studio della Commissione giudiziaria del Senato degli Stati Uniti stimava che "circa 1.000 persone" fossero coinvolte in "una miriade di attività criminali organizzate".

Le loro attività si sviluppano a New York, in California e altrove e comprendono "frodi assicurative, fatturazioni fittizie, frodi fallimentari, estorsioni, traffico di droga, immigrazione clandestina e omicidi....

Questi israeliani sono fortemente coinvolti nell'importazione e nella distribuzione di stupefacenti, in particolare cocaina ed eroina".[70]

GLI EBREI E IL PARTITO COMUNISTA - USA

Non esistono cifre esatte, ma è certo che la percentuale di ebrei nel Partito Comunista USA superava quella di qualsiasi altra comunità etnica. Si può stimare che tra la fine degli anni '30 e la metà degli anni '40 il 40-50% dei membri del partito fossero ebrei.[71]

LE DONNE EBREE SUPERANO QUELLE NON EBREE

[Uno studio condotto nel 1990 ha rivelato che il 78% degli uomini ebrei di età pari o superiore ai venticinque anni aveva frequentato almeno un'università, rispetto a solo il 42% degli uomini bianchi: il 65% degli uomini ebrei aveva ottenuto una laurea, rispetto al 57% degli uomini bianchi; il 32% aveva proseguito gli studi superiori, rispetto a solo l'11% degli uomini bianchi. Anche le donne ebree godevano di un grande vantaggio educativo rispetto ai non ebrei, con un tasso di frequenza universitaria del 60%, rispetto al 34% delle donne bianche nel loro complesso. Forse questo spiega perché così tante donne ebree sono state tra le pioniere del movimento femminista.... Secondo il numero di aprile 1999 della rivista *Biography*, il 50% delle "25 donne più potenti" erano ebree o avevano genitori ebrei.[72]

CLUB "SEGRETO" DI MILIARDARI EBREI

Nel maggio 1998, il *Wall Street Journal* ha riferito di un "club segreto e sciolto di venti tra i più ricchi e influenti uomini d'affari ebrei d'America", chiamato "Mega Group" o "Study Group". Leslie Wexner,

---

[70] Brenner, pp. 32-33.

[71] *Ibid.*, p. 46.

[72] Steven Silbiger. *The Jewish Phenomenon* (Atlanta, Georgia: The Longstreet Press, 2000), pag. 24.

presidente di The Limited, e Charles Bronfman, co-presidente di Seagram Co. hanno fondato il gruppo nel 1991.

I membri si riuniscono due volte l'anno per due giorni e partecipano a una serie di seminari sulla filantropia e sugli ebrei. Di fronte a una generazione di immigrati che invecchia, a una memoria nebulosa dell'Olocausto e a un alto tasso di matrimoni misti, il gruppo si sforza di mantenere lo slancio filantropico e l'identità ebraica. Questa comunità benestante permette ai membri di cercare partnership per le loro cause individuali e di condividere successi e sfide tra loro. Esistono sessioni di networking in altre religioni, ma ce ne sono poche nei ranghi più alti di aziende come questa. I membri del Mega Group mantengono un basso profilo perché non vogliono competere con le istituzioni ebraiche consolidate. Sono coinvolti in progetti speciali che ritengono possano fare la differenza, come il sostegno alle scuole ebraiche o programmi come il Progetto Birthright, che invia in Israele tutti i giovani ebrei nati su questo pianeta che lo desiderano. [Tra i membri ci sono Steven Spielberg della Dreamworks, Laurence Tisch, presidente della Lowes Corp, il magnate dei bagel Marvin Lender, Leonard Abramson, fondatore della U.S. Healthcare, e Lester Crown, investitore e comproprietario dei Chicago Bulls.[73]

IL DOPPIO DEL TASSO DI LAVORO AUTONOMO

In generale, gli ebrei americani hanno un tasso di lavoro autonomo quasi doppio rispetto agli altri gruppi etnici degli Stati Uniti, un rapporto simile a quello della Gran Bretagna e dell'Europa. Solo il 4% degli immigrati laotiani e portoricani sono imprenditori. Gli immigrati coreani e israeliani sono al primo posto, con tassi vicini al 30%. Questo spirito imprenditoriale è essenziale per il successo degli ebrei, dato che l'80% dei milionari negli Stati Uniti si è fatto da sé e non ha ereditato la propria fortuna.[74]

---

[73] *Ibidem*, pagg. 47-48.

[74] *Ibid.* , p. 69.

GLI EBREI DI WALL STREET

Ecco un breve elenco di altre note personalità ebraiche di Wall Street:

- George Soros - investitore globale in valute, materie prime e azioni;

- Carl Icahn - investitore e speculatore di acquisizioni; possiede TWA, USX, Continental Airlines, RJR Nabisco;

- Laurence Tisch - investitore e speculatore di buyout; proprietario di cinema e hotel Loews, CBS [Nota: ora deceduto] ;

- Barry Diller - Presidente di USA networks, proprietario di Home Shopping Network e Ticketmaster;

- Michael Bloomberg - fondatore e proprietario del servizio di informazione finanziaria Bloomberg LP [Nota: ora sindaco di New York] ;

- Ron Perelman - specialista di buyout; proprietario di Revlon, MacAndrew & Forbes e altre società;

- Sanford Weill - Co-presidente di Citigroup, proprietario di Salomon, Smith Barney e Travelers Group;

- Abbey Cohen - stratega d'investimento molto seguito, Gruppo Goldman Sachs ;

- Alan Greenspan - Presidente della Federal Reserve; stabilisce i tassi di interesse negli Stati Uniti;

- Alan "Ace" Greenberg - Presidente di Bear Stearns ;

- Stephen Schwarzman - ha fondato il Blackstone Group, una società di investment banking;

- Harvey Golub - Presidente di American Express;

- Saul Steinberg - Presidente di Reliance Corporation, investitore ;

- Asher Edelman - influente editorialista finanziario di *Barron's* ;

- Louis Rukeyser - arguto conduttore della "Wall Street Week" della PBS.[75]

I "PADRONI" DI INTERNET

Un articolo di *Forbe*s del luglio 1998 su Internet, intitolato "I padroni del nuovo universo", evidenziava che tredici società erano in prima linea nel boom di Internet. La ricerca ha rivelato che quattro di esse (30%) sono ebree.[76]

SORELLE EBREE

La dott.ssa Ruth Westheimer, *nata* Karola Ruth Siegel, è un eccellente esempio di "ebreo che parla chiaro"... La dottoressa Ruth è l'unica a essere una grande dispensatrice di [consigli] ebraici per l'America? No, per niente. Joyce Brothers e Laura Schlessinger nell'etere, Ann Landers (Esther Pauline Friedman Lederer) e la sua gemella Abigail "Dear Abby" Van Buren (Pauline Esther Friedman Phillips) nella carta stampata, si sono guadagnate da vivere facendo la stessa cosa.[77]

UN ENORME EFFETTO A CATENA

Gli ebrei sono stati i creatori di Hollywood e dei grandi studios che l'hanno definita. Il coinvolgimento degli ebrei nel cinema è più di una storia di successo: è la base dell'influenza sproporzionata che gli ebrei hanno avuto nel plasmare la cultura popolare americana. E non si ferma al cinema, poiché l'industria cinematografica ha dato vita all'industria televisiva.

I giorni dei grandi studios sono finiti, ma l'influenza ebraica su Hollywood rimane. I proprietari di Dreamworks, Steven Spielberg, David Geffen e Jeffrey Katzenberg, hanno un patrimonio complessivo di 5 miliardi di dollari. Sumner Redstone, che possiede la Paramount

---

[75] *Ibid.*, p. 79.

[76] *Ibid.*, p. 87.

[77] *Ibid.*, p. 100.

Pictures attraverso Viacom, un tempo deteneva una grande percentuale della Columbia Pictures e della Twentieth Century Fox. Michael Eisner gestisce lo studio Disney, che ironicamente escludeva gli ebrei ai tempi di Walt. La Seagram di Edgar Bronfman possiede gli Universal Studios. Michael Ovitz gestisce le carriere delle celebrità....

Oltre agli imprenditori, un numero enorme di ebrei è coinvolto nell'industria dell'intrattenimento. Non fa parte di un grande schema, ma quando un gruppo etnico è coinvolto in modo così massiccio e con successo in un particolare settore come lo sono stati gli ebrei nell'industria cinematografica, l'influenza, le connessioni e il potere del gruppo producono un vasto effetto a catena, e altri attori, scrittori, montatori, tecnici, registi e produttori ebrei seguono l'esempio...[78]

GLI EBREI E LE NOTIZIE: UNA COMUNITÀ MOLTO UNITA

L'influenza ebraica è altrettanto pronunciata in televisione quanto nel cinema. Nei notiziari televisivi, gli ebrei sono molto visibili davanti alla telecamera. In quanto giornalisti, le loro convinzioni religiose e culturali personali non sono prese in considerazione nei loro servizi, ma il loro potere è significativo perché influenzano il modo in cui noi americani vediamo il mondo e modellano le nostre opinioni..... I produttori di notizie sono ancora più influenti dei giornalisti, poiché decidono quali storie saranno trasmesse, in quale ordine e per quanto tempo. Un numero sproporzionato di loro è anche ebreo....

Negli anni '80, i produttori esecutivi di tutti e tre i notiziari serali erano ebrei. Inoltre, come sottolinea *Jewish Power* [di J. J. Goldberg, citato altrove - N.d.T.], mentre gli ebrei costituiscono "il 5% della stampa attiva della nazione - appena più della loro quota di popolazione - essi rappresentano un quarto degli scrittori, dei redattori e dei produttori dei 'media d'élite' americani, comprese le divisioni giornalistiche dei network, i principali settimanali e i quattro maggiori quotidiani".

La percentuale notevolmente alta di ebrei in televisione è durata per generazioni, forse perché si tratta di una comunità relativamente piccola

---

[78] *Ibid.*, p. 108-111.

e affiatata. In un sondaggio condotto tra i creatori televisivi, il 59% ha dichiarato di essere stato educato da ebrei, mentre il 38% si identifica ancora come ebreo.[79]

DUE CASE, HA VIAGGIATO MOLTO, HA CENATO FUORI

Un sondaggio condotto nel 1993 tra gli abbonati a *The Exponent*, il settimanale ebraico di Filadelfia, ha fornito un quadro chiaro della ricchezza e delle spese degli ebrei. Tali sondaggi non sono assolutamente scientifici, ma i risultati mostrano che gli ebrei sono [fiscalmente] conservatori, ma spendono per le cose che gli piacciono:

- Il 26,1% possedeva una seconda casa;

- Il 34,7% ha viaggiato fuori dagli Stati Uniti negli ultimi dodici mesi;

- Il 49,2% ha mangiato fuori casa dieci o più volte negli ultimi trenta giorni;

- Il 21% appartiene a un centro benessere;[80]

PERSONE CHE POSSONO PERMETTERSI DI ACQUISTARE LIBRI

Gli ebrei sono la pietra miliare delle vendite di libri cartonati, "rappresentano tra il 50 e il 75% delle vendite di libri cartonati non istituzionali negli Stati Uniti". Anche il 25% rappresenterebbe una quota sorprendentemente sproporzionata delle vendite totali. I tascabili sono le edizioni più costose, prima dei tascabili più economici, che garantiscono agli editori i margini più elevati. Gli acquirenti ebrei-

---

[79] *Ibidem*, pagg. 112-117.

[80] *Ibidem*, pp. 124-125.

americani sono quindi estremamente importanti per l'industria editoriale.[81]

ACQUISTI DI LIBRI CON COPERTINA RIGIDA

	Nazionale Media nazionale	Ebrei Lettori
Acquisto di un libro negli ultimi 12 mesi	19%	70%
1-5 libbre	13%	39%
6-9 libbre	3%	9%
10 o più	3%	17%

FONTE[82]

TITOLI E INVESTIMENTI DETENUTI

Valore delle azioni detenute	Media nazionale	Investitori ebrei
Possesso di azioni	27%	73%
50 000 $ à 99 999	2.1%	12%
100K o più	1.8%	38%
$100K-$499,999	NA	24%
$500K-$999,999	NA	7%
1 milione o più	NA	7%

---

[81] *Ibid.*, p. 126.

[82] *Ibid.* citando *lo studio Simmons su media e mercati*, 1989, pubblicato nel 1990 dal Simmons Market Research Bureau.

FONTE[83]

NOMI EBRAICI NELLA CLASSIFICA FORBES 400

Sarebbe impossibile elencare tutti gli uomini d'affari ebrei di successo in America oggi. Tuttavia, uno dei criteri più ovvi per il successo è l'inclusione nella lista *Forbes* 400. Per entrare nella lista, nell'ottobre 1999, bisognava avere un patrimonio netto di almeno 625 milioni di dollari. Nell'ottobre 1999, per entrare nella lista bisognava avere un patrimonio netto di almeno 625 milioni di dollari. Gli ebrei rappresentavano il 23% dell'intero gruppo, il 36% dei primi cinquanta e il 24% dei miliardari, vale a dire sette, diciotto e dodici volte la loro percentuale relativa all'intera popolazione statunitense. Queste percentuali nella classifica *Forbes* 400 sono rimaste costanti nel tempo, anche se i protagonisti cambiano di anno in anno; studi effettuati da altri sulle liste del 1982, 1983 e 1984 rivelano cifre simili. [84]

L'ELENCO DEGLI EBREI PRESENTI NELLA "FORBES 400" NEL 2004

Di seguito è riportato l'elenco degli ebrei americani presenti nella lista dei 400 americani più ricchi di *Forbes* per il 2004, anche se l'elenco potrebbe non essere completo perché, come ha sottolineato lo scrittore ebreo americano Steven Silbiger (riferendosi a liste precedenti), potrebbero esserci altre quindici persone che potrebbero essere presenti in questa lista, ma che mantengono segrete le loro origini ebraiche. [85]

(Alla fine dell'elenco principale c'è un elenco più piccolo di persone i cui nomi compaiono nell'elenco *Forbes* 400 del 2004, ma le cui origini etniche sono sconosciute o poco chiare, ma presumibilmente ebraiche). L'elenco che segue è probabilmente la sintesi più completa e aggiornata dei principali miliardari e megamiliardari ebrei in America oggi, anche

---

[83] *Ibid.* p. 131, che cita *lo studio Simmons su media e mercati*, 1989, pubblicato nel 1990 dal Simmons Market Research Bureau.

[84] *Ibid.*, p. 87.

[85] *Ibid.*, p. 88.

se ci sono molte fortune ebraiche sostanziali che non compaiono nella "top 400" (ma che compaiono nell'elenco).

Va notato, tuttavia, che molti degli eredi della fortuna di Mars Candy e dell'impero alberghiero dei Pritzker, ad esempio, si sono spartiti diversi miliardi di dollari, diventando uno dei gruppi familiari più ricchi del pianeta.

Il numero che segue il nome della persona corrisponde alla sua posizione nella lista *Forbes* 400 (si noti che più persone possono occupare questa particolare posizione), il che significa, ovviamente, che spesso ci sono più di 400 nomi nella lista *Forbes*.

Michael Dell (9)
Computer Dell
14,2 miliardi di euro

Larry Ellison (10)
Oracle Corp (software di rete)
13,7 miliardi di euro

Forrest Edward Mars Jr (17)
Dolci
10 miliardi di euro

Jacqueline Mars (17)
Dolci
10 miliardi di euro

John Franklyn Mars (17)
Dolci
10 miliardi di euro

Sumner Redstone (20)
Viacom, National Amusements
8,1 miliardi di euro

Carl Icahn (21)
Investimenti, acquisizioni
7,6 miliardi di euro

Si Newhouse (25)
Pubblicazioni anticipate
7 miliardi di euro

George Soros (24)
Investimenti, transazioni
7,2 miliardi di euro

Keith Rupert Murdock (27)
News Corp.
6,9 miliardi di euro

Eli Broad (28)
Assicurazioni, immobili
6 miliardi di euro

Marvin Davis (30)
Immobiliare, petrolio
5,8 miliardi di euro

Mickey Arison (32)
Carnival Cruise Lines
5,3 miliardi di euro

Michael Bloomberg (34)
Servizio notizie Bloomberg
5 miliardi di euro

David Geffen (37)
Dreamworks
4,4 miliardi di euro

Donald Bren (38)
Immobili in California
4,3 miliardi di euro

Donald Newhouse (25)
Pubblicazioni anticipate
7 miliardi di euro

Ronald Perelman (40)
Cosmetici Revlon, investimenti, sigari
4,2 miliardi di euro

Sergey Brin (43)
Google
4 miliardi di euro

Larry Page (43)
Google
4 miliardi di euro

Famiglia Lester Crown (53)
Dinamica generale
3,6 miliardi di euro

Leonard Lauder (55)
Cosmetici Estee Lauder
3,2 miliardi di euro

Maurice Greenberg (59)
Assicurazione
3,1 miliardi di euro

Sheldon Adelson (60)
Fiere del computer, casinò
3 miliardi di euro

Preston Tisch (60)
Loews Corp; CBS
3 miliardi di euro

Leslie Wexner (65)
Marchi limitati
2,9 miliardi di euro

Ronald Lauder (102)
Cosmetici Estee Lauder
2,1 miliardi di euro

Herbert Kohler e la sua famiglia (102)
Apparecchiature sanitarie
2,1 miliardi di euro

Jeff Bezos (38)
Amazon
4,3 miliardi di euro

William Davidson (68)
Guardian Ind (produzione di vetro)
2,8 miliardi di euro

Ralph Lauren (72)
Abbigliamento, moda
2,7 miliardi di euro

Steven Spielberg (74)
Film cinematografici
2,6 miliardi di euro

Leonard Stern (79)
Monte Hartz
2,5 miliardi di euro

Edgar Bronfman, padre (79)
Seagrams, Time-Warner, ecc.
2,5 miliardi di euro

Sam Zell (87)
Immobili, investimenti
2,4 miliardi di euro

Ronald Burkle (92) Supermercati, investimenti
2,3 miliardi di euro

Leona Helmsley (97)
Immobili a New York
2,2 miliardi di euro

Haim Saban (97)
Televisione
2,2 miliardi di euro

Leslie Gonda (118)
Leasing internazionale
1,5 miliardi di euro

S. Daniel Abraham (124)
Dieta Slim-Fast
1,8 miliardi di euro

Leonore Annenberg (106)
Guida TV, Triangle Publications
2 miliardi di euro

Bruce Kovner (106)
Caxton Corp; investimenti
2 miliardi di euro

Bernard Marcus (106)
Home Depot
2 miliardi di euro

Stephen A. Cohen (106)
Fondi speculativi
2 miliardi di euro

Herbert Anthony Allen, Jr (106)
Banca d'investimento
2 miliardi di euro

Mitchell Rales (118)
Danaher Corp.
1,9 miliardi di euro

Steven Rales (118)
Danaher Corp.
1,9 miliardi di euro

Mortimer Zuckerman (152)
U.S. News & World Report, settore immobiliare
1,6 miliardi di euro

Sidney Frank (152)
Alcoli
1,6 miliardi di euro

Enrico Samueli (165)
Broadcom
1,5 miliardi di euro

Anthony Pritzker (165)
Hotel, investimenti
1,5 miliardi di euro

Daniel Pritzker (165)
Hotel, investimenti
1,5 miliardi di euro

Thomas J. Pritzker (142)
Hotel, investimenti
1,7 miliardi di euro

Stanley Druckenmiller (142)
Fondi speculativi
1,7 miliardi di euro

Tom T. Gores (142)
Acquisizioni con leva finanziaria
1,7 miliardi di euro

Edward S. Lampert (142)
Investimenti
1,7 miliardi di euro

Penny Pritzker (152)
Hotel, investimenti
1,6 miliardi di euro

Melvin Simon (152)
Immobili
1,6 miliardi di euro

Peter B. Lewis (152)
Progressive Corp (assicurazione auto)
1,6 miliardi di euro

Karen Pritzker (165)
Hotel, investimenti
1,5 miliardi di euro

Linda Pritzker (165)
Hotel, investimenti
1,5 miliardi di euro

Michael Krasny (165)
CDW Corp.
1,5 miliardi di euro

Henry Kravis (165)
Acquisizioni con leva finanziaria
1,5 miliardi di euro

George R. Roberts (165)
Acquisizioni con leva finanziaria
1,5 miliardi di euro

James Pritzker (165)
Hotel, investimenti
1,5 miliardi di euro

Jay Robert Pritzker (165)
Hotel, investimenti
1,5 miliardi di euro

Jean Pritzker (165)
Hotel, investimenti
1,5 miliardi di euro

John A. Pritzker (165)
Hotel, investimenti
1,5 miliardi di euro

John J. Fisher (165)
The Gap (abbigliamento)
1,5 miliardi di euro

Robert J. Fisher (165)
The Gap (abbigliamento)
1,5 miliardi di euro

Wilma Stein Tisch (165)
Loews Corp; CBS
1,5 miliardi di euro

Sanford Weill (203)
Citigroup (Gruppo Travelers)
1,4 miliardi di euro

Alfred Mann (203)
Inventore, uomo d'affari
1,4 miliardi di euro

Ernest S. Rady (215)
Investimenti
1,3 miliardi di euro

Alec Gores (215)
Acquisizioni con leva finanziaria
1,3 miliardi di euro

Barry Diller (215)
Reti USA; Ticketmaster
1,3 miliardi di euro

Luigi Gonda (165)
Leasing internazionale
1,9 miliardi di euro

Dirk Ziff (165)
Ziff Davis Publishing (venduto)
1,5 miliardi di euro

Robert Ziff (165)
Ziff Davis Publishing (venduto)
1,5 miliardi di euro

Daniel Ziff (165)
Ziff Davis Publishing (venduto)
1,5 miliardi di euro

Stephen Wynn (215)
Casinò
1,3 miliardi di euro

Nicholas Pritzker II (234)
Hotel, investimenti
1,2 miliardi di euro

Alan Gerry (234)
Cablevision
1,2 miliardi di euro

Norma Lerner (234)
Erede della fortuna di MBNA
(carte di credito)
1,2 miliardi di euro

Randolph Lerner (234)
Erede della fortuna di MBNA
(carte di credito)
1,2 miliardi di euro

Nancy Lerner Beck (234)
Erede della fortuna di MBNA
(carte di credito)
1,2 miliardi di euro

Arthur Blank (234)
Home Depot
1,2 miliardi di euro

Thomas Lee (234)
Acquisizioni con leva finanziaria
1,2 miliardi di euro

Mark Cuban (215)
Broadcast.com
1,3 miliardi di euro

Verde Pincus (260)
Commerciante di materie prime
1,1 miliardi di euro

Carl Berg (260)
Immobili nella Silicon Valley
1,1 miliardi di euro

Herbert Siegel (280)
Televisione
1,1 miliardi di euro

Donald Fisher (260)
The Gap (abbigliamento)
1,1 miliardi di euro

Doris Fisher (260)
The Gap (abbigliamento)
1,1 miliardi di euro

Michael Milken (278)
Investimenti
1 miliardo

Jeremy Maurice Jacobs Sr (278)
Concessioni sportive
1 miliardo

David Gottesman (278)
Investimenti
1 miliardo

Nelson Peltz (278)
Snapple Drinks; acquisizioni con leva finanziaria
1 miliardo

Bernard A. Osher (324)
Banche, investimenti
960 milioni di euro

Irwin Jacobs (334)
Qualcomm (telecomunicazioni)
930 milioni di euro

Marc Rich (260)
Marc Rich (260)
1,1 miliardi di euro

Michael Milken (278)
Drexel Burnham Lambert, negoziazione
1 miliardo

William S. Fisher (278)
The Gap (abbigliamento)
1 miliardo

Jerome Kohlberg, Jr (278)
Kohlberg, Kravis & Roberts
1 miliardo

Andreas Bechtolsheim (278)
Google
1 miliardo

Neil Gary Bluhm (278)
Immobili
1 miliardo

Malcolm Glazer (278)
Centri commerciali
1 miliardo

Marvin J. Herb (278)
Imbottigliamento di bevande analcoliche
1 miliardo

Michael F. Price (278)
Investimenti
1 miliardo

Arthur J. Rock (315)
Capitale di rischio
975 milioni di euro

Gerry Lenfest (369)
comunicazioni via cavo
800 milioni di dollari

Jeffrey Katzenberg (369)
Dreamworks
800 milioni di dollari

Herbert Sandler (337)
Banca
920 milioni di euro

Marion O. Sandler (337)
Banca
920 milioni di euro

Alfred Taubman (340)
Centri commerciali
900 milioni di euro

Guilford Glazer (340)
Immobili, centri commerciali
900 milioni di euro

Phillip Frost (352)
Ivax Corp.
850 milioni di euro

Leon Levine e la sua famiglia (361)
840 milioni di euro

Paul Barry Vigile del fuoco (362)
Reebok
830 milioni di euro

Walter Shorenstein (389)
Immobili a San Francisco
750 milioni di euro

Stephen L. Bing e famiglia (389)
Patrimonio
750 milioni di euro

Robert Friedland (369)
Miniere
800 milioni di dollari

Norman Hascoe (369)
Investimenti
800 milioni di dollari

Lowell Milken (369)
Investimenti
800 milioni di dollari

Marc B. Nathanson (369)
Cavo, investimenti
800 milioni di dollari

Max Martin Fisher (383)
Marathon Oil
775 milioni di euro

Harold Honickman (383)
Imbottigliatore di Pepsi
775 milioni di euro

William Levine (389)
Sistemi per esterni (pannelli di visualizzazione)
750 milioni di euro

Jack Nash (389)
Investimenti
750 milioni di euro

Stephen Schwarzman (389)
Investimenti
750 milioni di euro

FONTE[86]

---

[86] Questo elenco è stato compilato da Michael Collins Piper sulla base dell'elenco *Forbes* 400 del 2004 e utilizzando Internet e altre fonti, tra cui Silbiger e Brenner, citati in questo documento, per dimostrare l'ascendenza ebraica delle persone i cui nomi compaiono nell'elenco.

Ecco i nomi di una manciata di altre persone presenti nella lista *Forbes* 400 per il 2004 di cui non si conosce l'origine etnica, ma che potrebbero essere ebree. Come nell'elenco precedente, il numero tra parentesi dopo il nome della persona corrisponde alla sua posizione nella lista.

Charles Ergen (23)
EchoStar
7,3 miliardi di euro

Giorgio Giuseppe (278)
Assicurazione
1 miliardo

Carl Pohlad (92)
Banca
2,3 miliardi di euro

Phillip Ruffin (215)
Casinò, immobili
1,3 miliardi di euro

Gary Magness (349)
Patrimonio
875 milioni di euro

William H. Gross (278)
Obbligazioni
1 miliardo

Philip H. Knight (22)
Nike
7,4 miliardi di euro

Wilbur L. Ross Jr (278)
Acquisizioni con leva finanziaria
1 miliardo

Eric Schmidt (165)
Google
1,5 miliardi di euro

FONTE [87]

L'AMERICA: IL PIÙ GRANDE TRIONFO...

È in America che il trionfo è maggiore. Con poco più del 2,5% della popolazione americana, gli ebrei stanno riscuotendo un successo sorprendentemente sproporzionato in ogni campo in cui sono stati autorizzati a operare... Nel centenario de *Lo Stato ebraico* [di Theodore Herzl] non c'è solo uno Stato ebraico, ma anche due ebrei [Mickey Kantor e Sir Leon Brittan] che rappresentano i principali blocchi commerciali, gli Stati Uniti e l'Unione Europea, nei negoziati commerciali, e altri due come Ministro degli Interni [Michael Howard] e Ministro degli Esteri [Malcolm Rifkind] del Paese [l'Inghilterra] in cui Inglis aveva detto che gli ebrei dovevano sempre rimanere una

---

[87] *Ibidem.*

nazione separata e da cui Carlysle aveva sperato di vederli cacciati in Palestina.[88]

LA CULTURA OCCIDENTALE È "IMPREGNATA DI GIUDAISMO

Mentre gli ebrei d'Occidente possono trovarsi di fronte a un declino demografico importante, se non fatale, la *Verjudung* di cui si lamentavano i loro nemici si è avverata: la cultura occidentale è intrisa di ebraismo.

Nella misura in cui non era nera, la cultura popolare americana del XX secolo era ebraica, da Hollywood a Broadway, dalle melodie degli spettacoli all'umorismo pungente.[89]

Questo ci porta alla fine del nostro studio delle fonti ebraiche e filo-sioniste e dei loro commenti - molti dei quali contengono fatti e cifre incontrovertibili - sul potere sionista in America.

C'è bisogno di andare oltre? Non abbiamo già messo insieme una panoramica che chiarisce molto bene il punto

Si può dubitare che coloro che hanno affermato che il potere ebraico in America è immenso non stessero mentendo, che non fossero colpevoli di "promuovere vecchi miti e canard antisemiti", come spesso ci dicono i media

Al contrario, il popolo ebraico ha molto di cui essere orgoglioso e, nelle proprie pubblicazioni, si sente libero di proclamare il proprio status speciale negli Stati Uniti. I fatti presentati in *The New Jerusalem* sono in gran parte un'affermazione di questo status speciale.

---

[88] Wheatcroft, p. 343.

[89] *Ibid.*, p. 344.

Un giudizio finale...

Il potere ebraico in America oggi è più grande del potere ebraico in qualsiasi paese in qualsiasi momento della storia.

Il professor Norman Cantor ha riassunto l'immenso potere degli ebrei in America oggi. Nel suo controverso libro *La catena sacra*, che è stato ampiamente criticato per la sua franchezza, Cantor ha scritto: Nei quattro decenni successivi al 1940, gli ebrei sono entrati nella società americana attraverso le comodità dei sobborghi, la penetrazione delle università e dei bastioni privilegiati delle professioni colte, degli affari, della politica e del governo, e i livelli di controllo dei media. Gli ebrei erano sovrarappresentati nelle professioni intellettuali di cinque o sei volte.

Nel 1994, gli ebrei rappresentavano solo il 3% della popolazione americana, ma il loro impatto era equivalente a quello di un gruppo etnico che rappresentava il 20% della popolazione.

Nulla nella storia ebraica ha eguagliato questo grado di ascesa ebraica al potere, alla ricchezza e alla preminenza.

Né nella Spagna musulmana, né nella Germania del primo Novecento, né tantomeno in Israele, perché non c'erano livelli di ricchezza e di potere paragonabili su scala globale da raggiungere in questo piccolo Paese.[90]

---

[90] Cantor, pp. 406-407.

Cantor conclude: "I Morgan, i Rockefeller, gli Harriman, i Roosevelt, i Kennedy, i titani delle epoche passate, sono stati soppiantati dall'ebreo come autore di imprese impeccabili...".[91]

E così è, secondo un accademico ebreo, che fa eco alla realtà dei fatti e delle cifre che abbiamo visto in queste pagine: i vecchi nomi dell'élite americana sono stati superati e oggi l'élite sionista è veramente emersa come quella che regna sovrana in America - la nuova Gerusalemme.

Filosofi sionisti moderni: "L'America è la nuova Gerusalemme"

Per evitare qualsiasi dubbio sul fatto che i leader della comunità sionista americana considerino oggi gli Stati Uniti come la nuova Gerusalemme, è essenziale considerare questo fatto saliente e innegabile:

I sionisti ora accusano apertamente i detrattori di Israele di essere non solo antisemiti e anti-israeliani, ma anche anticristiani e antiamericani, sostenendo che i sentimenti anti-israeliani sono in realtà alla base dell'antiamericanismo e che l'antiamericanismo è inestricabilmente legato ai sentimenti anti-israeliani, antisemiti e anticristiani.

In breve, il punto fondamentale di questa proposta è che l'America è davvero "la nuova Gerusalemme". L'America e Israele sono la stessa cosa. Tali opinioni sono coltivate ai più alti livelli del movimento sionista e fanno parte del discorso del dibattito pubblico americano. Non possiamo quindi che concludere che tutto questo è una conferma della tesi sostenuta nelle pagine de *La nuova Gerusalemme*.

In effetti, la maggior parte delle persone nel mondo che sono preoccupate per il nuovo imperialismo perseguito dagli Stati Uniti sono ben consapevoli che questa politica non è realmente un "americanismo" ma, in realtà, il prodotto delle potenze sioniste e dei loro massimi responsabili politici che sono arrivati a regnare sovrani negli Stati Uniti, in particolare sotto la presidenza di George W. Bush.

---

[91] *Ibid.*, p. 418.

Tuttavia, come al solito, i sionisti sono sempre molto bravi a distorcere la realtà per adattarla alla loro particolare visione del mondo. Le persone di tutto il mondo non sono "antiamericane" (nel senso che non hanno problemi con il popolo americano). Al contrario, sembra che le persone di tutti i ceti sociali del mondo spesso capiscano meglio degli stessi americani chi comanda davvero in America e provino una certa simpatia per quegli americani che si sono lasciati manipolare senza sosta dalla minoranza sionista. Non esiste quindi un "antiamericanismo" nel senso che i sionisti vorrebbero farci credere.

È anche importante riconoscere che le persone di tutto il mondo non hanno problemi con i principi di democrazia, libertà e autonomia, per quanto vagamente possano essere definiti. L'idea che il resto del pianeta (ad eccezione di Israele) sia in qualche modo "antiamericano" è un mito distruttivo e pericoloso che i sionisti hanno propagato per mettere gli americani contro chiunque osi mettere in discussione il potere sionista in America.

Il concetto di "antiamericanismo" è quindi in gran parte un'invenzione sionista. È stato sulla scia degli attacchi terroristici dell'11 settembre e nel periodo precedente all'invasione totalmente folle (e ordinata dai sionisti) dell'Iraq da parte degli Stati Uniti nella primavera del 2003, che i media statunitensi controllati dai sionisti hanno iniziato a inquadrare l'"antiamericanismo" come una conseguenza dell'urgente necessità di alimentare una "guerra al terrore" globale (e apparentemente senza fine) di cui il presidente Bush e i suoi collaboratori sionisti hanno dichiarato che la campagna per la distruzione dell'Iraq era una componente vitale.

Come risultato diretto delle menzogne e della retorica incendiaria dell'amministrazione Bush, insieme alla deliberata distorsione e disinformazione dei media, i buoni, onesti e onesti patrioti americani hanno creduto che il leader iracheno Saddam Hussein avesse avuto un ruolo negli attacchi terroristici dell'11 settembre e che la guerra contro l'Iraq fosse quindi giustificata.

Nel periodo precedente la guerra in Iraq, i propagandisti sionisti e i media hanno iniziato a trasmettere sempre più spesso agli americani il seguente messaggio: "Il mondo intero è contro di noi" - o, per dirla in modo più preciso, almeno così come è stato presentato dai media: "Il mondo intero è contro di noi, i buoni americani, e contro i nostri buoni amici, gli israeliani": "Il mondo intero è contro di noi, i buoni americani, e contro i nostri buoni amici, gli israeliani, che sono certamente il nostro unico alleato democratico in Medio Oriente e il nostro unico alleato reale, solido e affidabile in tutto il mondo".

Il tema del dilagante "antiamericanismo" è stato inculcato negli americani proprio allo scopo di renderli "anti" chiunque si rifiutasse di sostenere la guerra contro Saddam che i sionisti chiedevano agli americani di intraprendere per loro conto. In un certo senso, la guerra in Iraq è diventata uno - se non "il" - metro di misura per determinare chi sosteneva l'agenda sionista più ampia e di più vasta portata e chi no.

In ogni caso, il tema dell'"antiamericanismo" viene ora introdotto nel dibattito pubblico dai sionisti nei media e, come abbiamo visto, l'"antiamericanismo" viene equiparato dai sionisti all'opposizione non solo a Israele e agli interessi ebraici, ma anche alla stessa cristianità - un tema davvero straordinario.

Eppure, se per l'americano medio può essere difficile accettare (o anche solo comprendere) una controversia storica e geopolitica di tale portata, le cui ramificazioni globali sono chiaramente immense, questo è proprio ciò che sostiene uno dei più rinomati "intellettuali" del sionismo in un saggio auda cieux pubblicato nel numero di gennaio 2005 della rivista *Commentary*, la sempre pomposa ma candida rivista dell'American Jewish Committee.

Nel suo saggio "L'americanismo e i suoi nemici", il professor di Yale David Gelernter sostiene che lo stesso "americanismo" - almeno secondo la definizione di Gelernter e dei suoi colleghi sionisti - non è altro che un'evoluzione moderna del vecchio pensiero sionista, che risale alla Bibbia stessa. L'America, sostiene, è essenzialmente il nuovo Israele, la nuova Gerusalemme, un ausiliario virtuale dello stesso Stato di Israele.

Tuttavia, prima di esplorare le specificità del sorprendente saggio di Gelernter, è essenziale comprendere il particolare ambiente da cui è emerso, perché ciò dimostra di per sé l'importanza di questa tesi, almeno dal punto di vista dei circoli di influenza in America che contano davvero, cioè l'élite sionista.

Il fatto che la proposta di Gelernter sia stata formulata su *Commentary* - *a lungo diretto* dall'"ex trotzkista" neo-conservatore Norman Podhoretz, che ancora detiene il potere dietro le quinte della rivista -

significa molte cose. Ampiamente riconosciuto come uno dei principali media che influenzano la politica estera degli Stati Uniti sotto l'amministrazione Bush, *Commentary* è certamente una delle principali voci del sionismo, non solo in America ma in tutto il mondo.

Inoltre, sebbene Gelernter sia uno specialista di informatica, le sue opinioni sugli affari politici vengono regolarmente pubblicate con grande clamore sulle pagine del *New York Times* e del *Washington Post*, nonché su pubblicazioni strettamente pro-Israele come *The New Republic*, *National Review* e il giornale interno del miliardario sionista Rupert Murdoch, *The Weekly Standard*, diretto da William Kristol, che è forse il principale pubblicista dei media e stratega degli affari pubblici per il cosiddetto punto di vista "neo-conservatore" di oggi.

Pertanto, ciò che Gelernter ha da dire deve essere trattato con cautela, dal momento che è parte integrante della rete di Kristol e ha anche libero accesso a *Commentary* per diffondere tali opinioni provocatorie. Gelernter è una delle voci più lette nel sionismo di oggi.

Capire cosa credono i "neo-conservatori" come Gelernter significa comprendere la mentalità stessa del movimento sionista intransigente, non solo negli Stati Uniti e in Israele, ma in tutto il mondo, dato che il neo-conservatorismo è probabilmente descritto come l'influenza più importante nel mondo ancora sfaccettato del sionismo di oggi.

Sebbene la storia dei neoconservatori (descritta in dettaglio nel precedente libro di questo autore, *I sommi sacerdoti della guerra*) esuli dallo scopo del nostro studio, è importante notare che il padre di William Kristol, Irving Kristol, è noto come il "padrino" del movimento neoconservatore di ed era lui stesso, come comunista trotskista della vecchia scuola, come comunista trotskista della vecchia scuola, uno dei sedicenti "intellettuali di New York" - parte di una cellula che si faceva chiamare "The Family" - che ha fatto da mentore a Podhoretz come comunista trotskista della vecchia scuola, uno dei sedicenti "intellettuali di New York" - parte di una cellula che si faceva chiamare "The Family" - che ha fatto da mentore a Podhoretz mentre *Commentary* diventava una delle voci mediatiche più potenti della lobby di Israele.

Oggi Kristols e Podhoretz - insieme a personaggi come Gelernter - sono le forze trainanti dell'agenda globale dell'amministrazione Bush, alleati con politici chiave dell'amministrazione come il vicesegretario alla Difesa Paul Wolfowitz e lavorano intimamente con alleati che la pensano come loro all'interno delle fazioni della linea dura di Israele. Tutto questo è particolarmente rilevante, naturalmente, perché è stato sotto la presidenza Bush che l'effettiva fusione dell'America con lo Stato di Israele è diventata ancora più evidente - un'alleanza senza precedenti, anche in termini americani.

Non è quindi indifferente che quando il Presidente Bush ha tenuto il suo secondo controverso discorso inaugurale, uno degli architetti intellettuali di quel discorso sia stato Natan Sharansky, uno dei più virulenti leader della linea dura in Israele, con il quale i sionisti neo-conservatori americani collaborano molto strettamente. Insieme a William Kristol e ad altri neoconservatori americani, Sharansky si recò alla Casa Bianca su invito di Bush e contribuì alla stesura del discorso pronunciato dal Presidente.

In questo discorso inaugurale, Bush ha riaffermato il suo impegno nei confronti dei principi della rivoluzione globale - presentati come il perseguimento della "democrazia" - che sono stati il fondamento della filosofia in continua evoluzione di quegli ex-conservatori trotskisti che sono i padrini del "conservatorismo compassionevole" dell'amministrazione Bush. In breve, l'agenda di Bush (o meglio, l'agenda dei suoi collaboratori sionisti) non è altro che una versione modernizzata del bolscevismo internazionale vecchio stile ispirato dal defunto Leon Trotsky.

Come vediamo ora, i trotskisti di oggi - i leader del sionismo di oggi - sono realisti e opportunisti, per usare un eufemismo. Come tali, hanno riorganizzato il loro meccanismo di dominio del mondo e lo hanno adattato alle loro particolari esigenze nel XXI secolo, al punto che hanno persino reclutato un cowboy messianico nato, messianico e armato di pistola con un accento texano come loro principale portavoce pubblico. E, di fatto, ha sviluppato un vero e proprio culto.

Nel suo secondo discorso inaugurale, il giovane Bush ha proclamato che "gli interessi vitali dell'America e le nostre convinzioni più profonde sono ora uno.... Promuovere questi ideali è la missione che ha creato la nostra nazione.... È ora la richiesta urgente della sicurezza della nostra nazione e l'appello del nostro tempo".

In definitiva, questo significa guerra futura e tanta - una guerra mondiale - nient'altro che un'espansione dell'impresa imperiale in corso in Iraq, per includere come bersaglio tutti coloro che si ritiene ostacolino il Nuovo Ordine Mondiale che i leader del sionismo internazionale hanno sognato per tanto tempo. E ora hanno in mano l'America, controllando così l'unica nazione potente le cui risorse (e il cui popolo) possono essere sfruttate per realizzare questo sogno.

Non è un caso che, alla vigilia del suo secondo mandato, la rivista *Time* - il settimanale della famiglia reale sionista americana, i Bronfman - abbia definito George W. Bush un "rivoluzionario americano". Bush sarà anche un americano, ma la rivoluzione che sta guidando non è americana. È una rivoluzione i cui padri fondatori sono i leader del sionismo internazionale. Il giovane Bush sarà anche re, ma i complottisti sionisti sono i suoi reggenti.

L'agenda di Bush è l'agenda sionista e il tema della promozione della democrazia globale è parte integrante del moderno (e sempre crescente) piano sionista di rifare il mondo *sotto la forza delle armi americane*.

Questo ci riporta al saggio di David Gelertner su *Commentary*, che fornisce un complemento filosofico al tema proposto da Sharansky - e doverosamente ed entusiasticamente ripreso da Bush - e fa parte di uno sforzo continuo, non così sottile, per sottolineare e promuovere il nuovo imperium internazionale che l'amministrazione Bush sta cercando di stabilire.

Sebbene il suo saggio sia stato pubblicato prima che il discorso inaugurale di Bush fosse pronunciato pubblicamente - anche se era già stato elaborato privatamente nelle mani dei soci sionisti di Gelernter - Gelernter sostiene che quella che oggi è la visione Sharansky-Bush risale, in termini di storia americana, all'epoca dei padri fondatori Puritani e Pellegrini.

Notando che "i puritani vedevano se stessi come il nuovo popolo eletto di Dio, che viveva nella nuova terra promessa di Dio - in breve, come il nuovo Israele di Dio", Gelernter afferma che "molti pensatori hanno notato che l'americanismo si ispira, si avvicina o si intreccia con il puritanesimo", notando che "uno degli studiosi più importanti che lo ha detto di recente è Samuel Huntington, nel suo straordinario libro sull'identità americana, *Who Are We*

Ex membro del Council on Foreign Relations, Huntington sembra una scelta ironica per Gelertner per predicare a favore dell'americanismo e della democrazia, dato che il suo libro precedente, *The Crisis of*

Democracy (pubblicato dalla Commissione Trilaterale finanziata da Rockefeller), suggeriva che c'era troppa democrazia in America e che doveva essere abolita.

Ma anche in questo caso, la "democrazia" - agli occhi dell'élite - si applica solo a coloro che vogliono vedere liberi.

Più recentemente, Huntington si è fatto portavoce di una campagna di alto livello per impedire ad alcuni gruppi di immigrati - in particolare musulmani e ispanici cattolici - di entrare negli Stati Uniti, soprattutto in nome della "lotta al terrorismo e all'antisemitismo", avendo l'élite ebraica concluso che gli immigrati cattolici, come i musulmani, diffidano del potere ebraico e non sono facili da controllare.

Comunque sia, Gelernter afferma che il puritanesimo del tipo scelto da Huntington è il vero fondamento dell'America. Scrive: "Il puritanesimo non solo ha ispirato o influenzato l'americanismo: il puritanesimo non solo ha ispirato o influenzato l'americanismo, ma è diventato americanismo.... Non si possono capire veramente i Pellegrini, o i Puritani in generale, senza conoscere la Bibbia ebraica e la storia ebraica classica; anche conoscere l'ebraismo stesso è utile....

I primi adottatori dell'americanismo tendevano a definire anche il proprio *cristianesimo* [con un'enfasi su quello di Gelernter] in modo da renderlo simile all'ebraismo.

E probabilmente vale la pena sottolineare che Gelenter nota che il puritanesimo, nel suo senso classico, sulle coste americane ha subito una transizione, al punto che molte congregazioni puritane sono diventate unitariane. L'ironia, naturalmente, è che ci sono parecchi cristiani - compresi i sostenitori fondamentalisti di Israele - che non considerano nemmeno gli unitariani come cristiani. (In ogni caso, Gelernter sta forse suggerendo che (almeno dal punto di vista sionista) la forma moderna di "puritanesimo" che sta alla base dell'"americanismo" è in realtà tutt'altro che cristiana. E questo, ovviamente, sorprenderebbe ancora una volta molti sostenitori cristiani di Israele che proclamano l'America come una nazione cristiana che fa la sua parte per aiutare a realizzare le cosiddette promesse di Dio al popolo ebraico.

La valutazione di Gelernter della Bibbia, così come egli la legge, è che, tra le altre cose, gli americani, in particolare, hanno "una missione divina per tutta l'umanità" e che si possono trarre tre conclusioni: "Ogni essere umano, ovunque, ha diritto alla libertà, all'uguaglianza e alla democrazia". (La questione di quale sia la Bibbia a cui Gelernter si riferisce potrebbe essere rilevante, ma certamente esula dallo scopo di questo articolo). Suggerendo che coloro che egli chiama "teologi dell'americanismo" hanno capito che libertà, uguaglianza e democrazia non sono solo idee filosofiche ma "la parola di Dio", Gelernter conclude che la conseguenza è "il fervore e la passione con cui gli americani credono al loro credo". Secondo Gelernter, questo credo è che "gli americani, praticamente soli al mondo, insistono che la libertà, l'uguaglianza e la democrazia sono giuste non solo per la Francia e la Spagna, ma anche per l'Afghanistan e l'Iraq".

È qui che Gelernter inizia a sviluppare il suo tema particolare, ossia che il sionismo è parte integrante e inseparabile di ciò che egli chiama "americanismo": riassumere il credo dell'americanismo come libertà, uguaglianza e democrazia per tutti è affermare solo metà del caso. L'altra metà riguarda una terra promessa, un popolo eletto e una missione universale divinamente ordinata. Questa parte dell'americanismo è la versione americana del sionismo biblico: in breve, il sionismo americano.

Sostenendo che l'"americanismo" (come lo definisce lui) è il "sionismo americano" - l'idea che l'America sia anche una "terra promessa" sionista che fa tutt'uno con lo Stato di Israele e con lo stesso sionismo ebraico tradizionale - Gelernter suggerisce che sia Israele che l'America sono Stati ebraici. E si spinge oltre: Il contributo dell'Israele classico (e del sionismo classico) all'americanismo è incalcolabile. Nessuno storico o pensatore moderno che io conosca... ha reso giustizia a questo fatto straordinario. Sembrano aver dimenticato ciò che l'eminente storico irlandese del XIX secolo William Lecky ha riconosciuto: che "la malta ebraica ha cementato le fondamenta della democrazia americana". E persino Lecky, sospetto, non ha colto la portata di questa verità. Se non la comprendiamo, non potremo mai capire appieno l'americanismo - o l'antiamericanismo.

In breve, Gelernter sostiene che l'"antiamericanismo" non è nient'altro (o niente di meno) che l'opposizione alla teologia sionista, che secondo lui ha svolto un ruolo considerevole come "malta" che ha "cementato le fondamenta della democrazia americana". Gelernter passa poi ad applicare la sua bizzarra teoria alla conduzione della politica estera statunitense. Nello stesso spirito di , dove *il Washington Post* del 21 gennaio 2005 ha dichiarato che la visione complessiva del Presidente Bush è "più wilsoniana che conservatrice", Gelernter afferma:

[Woodrow Wilson è al centro dell'americanismo classico. Nessun presidente ha parlato il linguaggio della Bibbia e della missione divina con tanta lucidità.... Sotto l'amministrazione di Wilson, l'americanismo compì una transizione fondamentale. Aveva sempre incluso l'idea di una missione divina. Ma qual era questa missione? Fino alla chiusura della frontiera nell'ultimo decennio del XIX secolo, la missione era quella di popolare il continente.

Con la chiusura del confine, la missione è diventata "americanismo per tutto il mondo".

Secondo Gelernter, i presidenti successivi, come Franklin D. Roosevelt e Harry S. Truman, condussero guerre in nome dell'americanismo. La guerra di FDR contro un'Europa virtualmente unita, alleata con il Giappone, non era altro che una guerra per sconfiggere quella che era forse la più grande minaccia al potere sionista nella storia del pianeta. Truman, naturalmente, lanciò la Guerra Fredda contro i sovietici, che oggi sappiamo essere solo un altro meccanismo di profitto globale, perché anche mentre i bambini americani morivano in Corea e, più tardi, in Vietnam, le banche internazionali - molte delle quali ebraiche e altre no - sostenevano la tirannia sovietica quando era nel loro interesse farlo.

Tuttavia, secondo Gelernter, fu Ronald Reagan ad affermare questo "americanismo" quando parlò di una "città splendente su una collina", citando il libro biblico di Matteo nello stesso spirito del padre puritano John Winthrop.

È stato Reagan, dice Gelernter, il cui "uso di queste parole ha collegato l'America moderna alla visione umana cristiana, alla visione puritana, alla visione (in ultima analisi) della Bibbia ebraica e del popolo ebraico, che ha creato questa nazione". Oggi, aggiunge Gelernter, "il fatto che l'americanismo sia il successore del puritanesimo è fondamentale per [comprendere] l'antiamericanismo".

Secondo il punto di vista sionista che Gelernter espone, l'attuale opposizione europea ai progetti globali proposti dai politici neo-conservatori dell'amministrazione Bush non è altro che la manifestazione attuale di un passato lontano:

Nel XVIII secolo, gli antiamericani erano conservatori, monarchici e antipuritani. Nel XIX secolo, le élite europee divennero sempre più ostili al cristianesimo, il che portò inevitabilmente all'ostilità verso l'America.

E Gelernter sale sul palcoscenico con una certa foga...

Nei tempi moderni, l'antiamericanismo è strettamente associato all'anticristianesimo *e all'*antisemitismo. [enfasi di Gelernter].

Tutto ciò riflette lo stato d'animo dell'élite sionista e di coloro che oggi dettano la politica estera americana in nome di un grande progetto per portare avanti una rivoluzione democratica globale non ben definita.

Ciò che rappresenta non è altro che il Nuovo Ordine Mondiale contro cui i veri patrioti americani hanno messo in guardia per generazioni, un progetto che è un vero e proprio "antiamericanismo" nella sua definizione più elementare.

I veri americani - e i loro numerosi amici in tutto il mondo che sono giustamente preoccupati per l'ascesa del potere sionista in America - commetterebbero un errore se trascurassero l'influenza di questo pensiero: che lo si condivida o meno, è la filosofia dell'élite sionista, per quanto immorale e infernale possa essere.

Il risultato finale del grande progetto sionista è la creazione di un impero mondiale governato dall'America, la nuova Gerusalemme.

Mentre la "vera" Gerusalemme, nella Palestina occupata, può servire come capitale spirituale del sionismo internazionale, l'America fornirà il denaro, le armi e i giovani uomini e donne che combatteranno e moriranno per rendere il mondo sicuro per la ricchezza e la supremazia sionista, tutto in nome dell'"americanismo", che ora è la grande maschera ebraica.

Quindi, alla fine, la tesi sostenuta ne *La nuova Gerusalemme* - che i sionisti hanno rivendicato l'America come la loro nuova Gerusalemme - non è un'orribile e odiosa "teoria della cospirazione antiebraica".

Infatti, secondo gli stessi sionisti, il concetto che l'America sia la nuova Gerusalemme è il fondamento stesso del sionismo del XXI secolo. Questa conclusione è ineluttabile.

La domanda che rimane è cosa intendono fare gli americani - e gli altri nel mondo - al riguardo...

L'America è più che "la nuova Gerusalemme"?

Forse lo è davvero... La nuova Babilonia.

Qualche considerazione finale...

L'onda del futuro...

Concludiamo questo volume con una constatazione: il materiale raccolto in queste pagine è innegabilmente più completo di tutto ciò che si è visto finora su un argomento che è forse il più scottante oggi in discussione sulla faccia del pianeta.

Centinaia di milioni di persone in tutto il pianeta sono convinte che l'America sia, di fatto, la "nuova Gerusalemme", il centro di potere del sionismo globale. L'America si è affermata, senza dubbio, come la proverbiale "terra del latte e del miele" che, nel bene e nel male (molti direbbero "nel male"), eclissa di gran lunga il piccolo Stato di Israele come gioiello della corona sionista. Questo non può essere negato.

Come dimostrato dall'attacco americano all'Iraq, senza Dio, immorale e inutile (con l'immensa distruzione e devastazione che ne è seguita, compresa l'inutile morte di oltre 1.000 americani, per non parlare del massacro di molte altre migliaia), il potere sionista in America ha raggiunto un livello senza precedenti, come è stato riconosciuto da più di uno storico ebreo e certamente da non meno di uno dei più influenti giornali dello Stato di Israele.

C'è chi, naturalmente, sostiene che il potere sionista in America è una conseguenza naturale del "libero mercato" e una dimostrazione della democrazia americana al suo meglio. Altri - molti altri - sostengono il contrario.

L'assassinio di John F. Kennedy segnò una svolta nel sistema americano e, di fatto, nel mondo. Sebbene il potere sionista fosse da tempo presente a Washington e in tutta l'America, lo stesso Stato di Israele era relativamente nuovo in 1963. Tuttavia, in qualità di Presidente, JFK si oppose fermamente alle richieste della lobby sionista, in particolare al suo desiderio di aiutare Israele a diventare una grande potenza mondiale, e pagò per questo con la sua vita. Questo ha aperto la strada a un importante riallineamento della politica statunitense nei confronti di Israele e del mondo arabo, dando anche nuovo potere alla lobby israeliana a Washington. E, naturalmente, questa influenza ha continuato a crescere da allora.

La proliferazione delle armi nucleari nel mondo arabo e musulmano è stata una reazione diretta alla costruzione nucleare di Israele - che JFK ha cercato di fermare - e non è esagerato dire che se JFK fosse riuscito a a impedire a Israele di dotarsi di armi nucleari, è molto probabile che gli Stati Uniti non sarebbero mai stati coinvolti nella disfatta in Iraq, che è derivata dagli sforzi iniziali di Saddam Hussein di costruire un arsenale nucleare per contrastare quello di Israele. E la tragedia dell'Iraq continuerà a perseguitare l'America e il suo popolo per le generazioni a venire. E la tragedia dell'Iraq continuerà a perseguitare l'America e il suo popolo per le generazioni a venire.

Così, mentre la lobby sionista rimane salda qui in America, promuovendo gli interessi del suo cliente straniero - lo Stato di Israele - le famiglie e i blocchi di potere sionisti qui sul suolo americano hanno messo insieme un enorme conglomerato di ricchezza e potere che, come abbiamo visto, ha effettivamente reso gli Stati Uniti, senza dubbio, la Nuova Gerusalemme.

La storia segreta della lotta dietro le quinte di JFK con Israele deve essere resa nota a tutti se si vuole che gli americani - e le persone di tutto il mondo - comprendano veramente come e perché il sionismo sia arrivato a dominare la vita americana a tal punto.

Coloro che regnano sovrani lo fanno perché, il 22 novembre 1963, un presidente americano che sfidava il loro potere fu messo a morte in un'esecuzione pubblica altamente ingloriosa, un crimine che rimane tuttora impunito. Oggi ci troviamo di fronte alla realtà che deriva da quel crimine di Dallas. Dobbiamo iniziare ad analizzare la situazione e a pensare a ciò che ci aspetta in America... e nel mondo.

Se rivolgiamo la nostra attenzione ad altri Stati nazionali moderni, scopriamo che la lotta contro il potere sionista è - come in America - il "grande segreto" non riconosciuto del momento. In alcuni luoghi, tuttavia, la lotta sta arrivando al cuore della questione....

Nell'emisfero occidentale, abbiamo un rivoluzionario populista in Venezuela, Hugo Chavez, che si sta opponendo (allegramente) agli intrighi sionisti internazionali. Non è un caso che, in un'occasione, Chavez sia stato orgogliosamente al fianco dell'allora leader dell'Iraq, Saddam Hussein, e abbia dichiarato che lui e Saddam si opponevano ai "farisei".

Chavez sapeva esattamente cosa stava dicendo. Allo stesso modo, non è una coincidenza che Chavez sia ora sempre più bersaglio dei media sionisti.

In Asia, l'ex Primo Ministro malese Mahathir Muhammed ha sciocato il mondo quando ha parlato pubblicamente dell'immenso potere del sionismo internazionale. I media lo criticarono senza pietà per le sue affermazioni, ma tutti sapevano, ovviamente, che aveva ragione. Ecco perché Muhammed rimane immensamente popolare, non solo nel mondo musulmano, ma in ogni nazione del mondo in cui le persone libere di pensare non hanno paura della verità.

Nella nuova Russia post-sovietica, un manipolo di miliardari sionisti - noti come "oligarchi" - sta cercando di mantenere un controllo ferreo sull'economia russa di fronte alla sfida del Presidente russo Vladimir Putin che, affrontando queste potenti forze, ha messo in gioco il proprio futuro. Inutile dire che i media occidentali controllati dai sionisti non hanno accolto con favore le misure di Putin contro gli oligarchi. I media diffamano Putin, descrivendolo come un ritorno all'epoca degli zar o del temibile Stalin, che nei suoi ultimi giorni di vita iniziò a lottare contro l'influenza sionista in Russia, provocando la sua morte prematura.

(I fatti dell'assassinio di Stalin sono stati documentati in modo definitivo nel 2004 da Jonathan Brent e Vladimir Naumov in *Stalin's Last Crime*, confermando ciò che era stato ampiamente e più o meno sottilmente suggerito, persino propagandato, nelle pubblicazioni ebraiche per oltre 50 anni). Se Putin sopravviverà all'assalto sionista è una domanda la cui risposta giocherà un ruolo importante nel plasmare il futuro della Russia e del mondo, dal momento che i sionisti non si fanno scrupolo di fomentare una nuova "guerra fredda" tra Stati Uniti e Russia per domare Putin e garantire la sopravvivenza dell'influenza sionista in Russia.

In ultima analisi, la lotta contro il potere e l'influenza smodati dei sionisti e le loro conseguenze spesso perniciose ha sempre fatto parte della storia e, negli Stati Uniti di oggi, potrebbe rivelarsi la questione cruciale degli anni a venire... o almeno dovrebbe esserlo.

È davvero così vitale per il sistema americano che una manciata di famiglie miliardarie abbia una morsa sul monopolio dei media americani

Si e Donald Newhouse non saranno soggetti a severe leggi antimonopolio che li priveranno della loro vasta proprietà di giornali in tutta l'America? Si e Donald non possono possedere solo un giornale e una rivista, o magari solo alcuni

Più di un critico dei media americani ha espresso preoccupazione per la crescente concentrazione della proprietà dei media, ma finora solo una manciata di voci indipendenti (tra cui, per inciso, un deputato ebreo del Congresso, Bernie Sanders del Vermont) ha osato seriamente sollevare la questione.

Non è forse giunto il momento di ricordare gli avvertimenti del defunto senatore populista della Louisiana, Huey P. Long, che chiedeva una redistribuzione della ricchezza ? Come hanno notato analisti come Kevin Phillips e altri, il divario tra ricchi e poveri in questo Paese si sta allargando in modo esponenziale, e anche la classe media sta diventando sempre più povera. Non è forse giunto il momento di spezzare le grandi fortune accumulate e di affrontare quelli che FDR chiamava "i malfattori delle grandi ricchezze"

I tre eredi della gigantesca fortuna di Mars (30 miliardi di dollari) soffriranno davvero se dovranno rinunciare a tutto tranne che a qualche centinaio di milioni di dollari? La stessa domanda può essere posta per alcune fortune non ebraiche in America.

Immaginate cosa si potrebbe fare per migliorare l'America a casa propria se anche solo una manciata di questi monumentali conglomerati di ricchezza potesse essere ridistribuita qui in patria per migliorare la vita di tutti gli americani.

Nessun bambino soffrirebbe la fame. Nessun genitore dovrebbe lottare per mandare i propri figli all'università. Le malattie e le dipendenze potrebbero essere affrontate con una campagna nazionale ben finanziata e con risorse senza precedenti. Nessuna comunità sarebbe più privata di un'adeguata assistenza sanitaria. Gli anziani non mangerebbero più cibo per cani per risparmiare sui farmaci essenziali. Le nostre case di riposo non sarebbero più luoghi orrendi dove i nostri anziani verrebbero mandati a morire nello squallore. I nostri ponti, le autostrade e le ferrovie in rovina potrebbero essere riparati.

L'elenco di ciò che potremmo realizzare con un'infusione di ricchezza sottratta alle mani dei super-ricchi è infinito. Usate la vostra immaginazione. E considerate che l'America, come nazione, potrebbe anche dare una mano alle persone di tutto il mondo.

Tutto questo, al momento, è solo un sogno. In realtà, l'élite sionista e i suoi alleati nelle alte sfere della classe dirigente americana stanno lavorando assiduamente per garantire il proprio dominio e assicurare che le loro fortune rimangano intatte. Sono in fase di elaborazione tutti i tipi di legislazione per sopprimere il dissenso popolare in America.

L'introduzione di leggi sui "crimini d'odio" - che non sono altro che stratagemmi per contrastare le critiche all'influenza ebraica nel processo decisionale degli Stati Uniti - così come misure che distruggono la libertà come il Patriot Act e altre leggi simili, sono parte integrante di un programma pianificato da tempo per sopprimere il dissenso e stabilire un programma di "controllo del pensiero" con un solo e unico obiettivo: assicurare il continuo dominio sionista dell'esperienza americana.

Sebbene vi siano indicazioni che elementi di alto livello nella vita americana - persone all'interno di istituzioni politiche influenti come la CIA, l'FBI, il Dipartimento di Stato, la National Security Agency e le stesse forze armate - stiano diventando sempre più agitati, temono giustamente che l'influenza ebraica sionista sulla politica americana sia un pericolo per l'America e per il suo posto nel mondo, resta il fatto che il controllo e/o l'influenza sionista sul monopolio dei media americani è una forza che gioca un ruolo importante nel plasmare la psiche americana nel suo complesso.

Al momento, purtroppo, sembra altamente improbabile che il popolo americano stia per sollevarsi ed eleggere un presidente e un congresso che sfidino il potere sionista e ciò che esso rappresenta.

Tuttavia, se un numero sufficiente di americani - in un numero sufficiente di luoghi di questo vasto Paese - è disposto ad alzarsi, a parlare e a sostenere coloro che occupano posizioni di potere, è probabile che coloro che occupano posti di rilievo e che hanno seri dubbi sul potere sionista saranno più inclini che mai ad alzarsi e a parlare a loro volta.

In breve, possiamo avere una "rivoluzione dall'alto" - perché una rivoluzione dal basso, al momento, sembra altamente improbabile. La prima Rivoluzione americana è stata il prodotto di intellettuali, capi militari e uomini d'affari scontenti, e la seconda Rivoluzione americana che verrà proverrà inevitabilmente dalle stesse fonti.

Ecco perché gli americani comuni devono rimanere vigili. Devono continuare a sostenere le voci indipendenti dei media liberi e, quando sarà il momento, sostenere coloro che, nelle alte sfere, avranno finalmente il coraggio di dire: "Sono arrabbiato da morire e non ne posso più".

L'onda del futuro si sta dirigendo rapidamente verso le coste americane e il mondo intero sta guardando. Quell'onda si abbatterà con un fragore mai sentito prima nella storia e alla fine, a qualunque costo, gli americani dichiareranno con franchezza e coraggio, senza mezzi termini, che *la nostra nazione è la Nuova Gerusalemme per tutti gli uomini, non solo per un'élite che si autocelebra e rivendica il proprio clan*. Quando ciò accadrà - e solo allora - potremo essere certi che l'America (e il mondo) saranno sulla vera strada della salvezza e non su quella che coloro che regnano sovrani vorrebbero farci percorrere... la strada della distruzione.

-MICHAEL COLLINS PIPER

"La verità dipende e può essere ottenuta solo da una legittima deduzione di tutti i fatti realmente rilevanti.

-S.T. COLERIDGE Conversazione a tavola, 27 dicembre 1831

"La gente dirà quello che vuole degli ebrei, che sono maledetti: prosperano ovunque vengano; possono costringere il principe del loro Paese a prestare loro del denaro; nessuno di loro chiede l'elemosina; restano uniti; e per quanto riguarda l'odio verso di loro, perché i cristiani si odiano così tanto?".

-GIOVANNI SELDEN Parlare a tavola, 1689

"Gli ebrei non hanno senso delle proporzioni, non hanno giudizio sugli affari del mondo. Penso che gli ebrei siano molto, molto egoisti. A loro non importa quanti estoni, lettoni, finlandesi, polacchi, jugoslavi o greci vengano uccisi o maltrattati come sfollati [dopo la guerra], purché gli ebrei ricevano un trattamento speciale. Eppure, quando detenevano il potere - fisico, finanziario o politico - né Hitler né Stalin avevano nulla da rimproverare in termini di crudeltà o maltrattamento di coloro che erano rimasti.

-Presidente HARRY S. TRUMAN Diario inedito. Annotazione del 21 luglio 1947 (citata nel Washington Post, 11 luglio 2003)

Bibliografia delle fonti

NOTA: I volumi che appaiono di seguito sono le fonti utilizzate principalmente nella sezione "fatti e cifre" de *La Nuova Gerusalemme* e sono quelle debitamente segnalate nelle note a margine di tale volume. Dovrebbe essere immediatamente evidente che tutte le fonti sono decisamente "mainstream".

I nomi degli autori ebrei sono indicati in grassetto.

Anche se altri volumi sono stati consultati durante la stesura di questo libro (e sono debitamente citati nel testo), non sono inclusi in questa bibliografia, che è in gran parte dedicata alle fonti utilizzate per la sezione descritta come "i freddi e duri fatti e cifre" sul potere sionista in America.

Lenni Brenner. *Gli ebrei in America oggi*. (Seacaucus, New Jersey: Lyle Stuart, 1986).

Norman F. Cantor. *La catena sacra: la storia degli ebrei (New York: HarperCollins Publishers, 1994).*

Benjamin Ginsberg. *L'abbraccio fatale: gli ebrei e lo Stato (Chicago: University of Chicago Press, 1993).*

J. J. Goldberg. *Jewish Power: Inside the American Jewish Establishment.* (Reading, Massachusetts: Addison-Wesley Publishing Company, Inc., 1996).

Joel Kotkin. *Tribù* (New York: Random House, 1993).

Gerald Krefetz. *Jews and Money: The Myths and the Reality* (New Haven e New York: Ticknor and Fields, 1982).

Ferdinand Lundberg. *The Sixty Families of America* (New York: edizione Halcyon House, 1939) (Nota: Lundberg sarebbe di origine svedese).

Ferdinand Lundberg. *The Rich and the Super-Rich* (New York: Lyle Stuart, 1968).

New York Magazine, 29 gennaio 1996. Articolo di Philip Weiss.

Barry Rubin. *L'assimilazione e i suoi scontenti*. (New York: Times Books/Random House, 1995).

Edward S. Shapiro. *Time for Healing: American Jewry Since World War II* (Baltimora: Johns Hopkins University Press, 1992).

Steven Silbiger. *Il fenomeno ebraico* (Atlanta, Georgia: The Longstreet Press, 2000).

Charles E. Silberman. *A Certain People* (New York: Summit Books/Simon & Schuster, Inc., 1985).

Geoffrey Wheatcroft. *La controversia di Sion* (Omnia Veritas Ltd, www.omnia-veritas.com. 1996).

"Appello ebraico - Può Lieberman colmare il divario di raccolta fondi? Sarah Wildman, nel numero del 18 settembre 2000 di *The New Republic*.

PER RICORDARE: Dopo la pubblicazione del primo libro di questo autore, *Giudizio finale*, un recensore ha affermato che molte delle mie fonti e dei miei riferimenti erano "fuori contesto" o travisati.

Non è stato così. Un altro recensore ha affermato che "la maggior parte" dei miei documenti chiave proveniva da un'unica fonte. Anche in questo caso, non è vero.

Tuttavia, il fatto che i critici non esitino a mentire e a diffamare un autore perché non gli piace ciò che documenta è una realtà ingloriosa che questo autore ha scoperto da solo. Ecco perché incoraggio sempre le persone a "mostrarmi i miei errori" e a "mostrarmi dove sbaglio".

Almeno a me sembra che quando si scrive qualcosa che sia anche solo vagamente critico nei confronti dello Stato di Israele o dei suoi sostenitori, ciò rende automaticamente tutto ciò che si scrive assolutamente sbagliato. Almeno questo è ciò che sostengono i miei detrattori, a gran voce, ripetutamente e istericamente.

Lascio ai lettori onesti il compito di fare riferimento alle mie fonti citate e di verificarle con le mie note a piè di pagina e, come ho detto, se ho tolto qualcosa dal contesto o ho reso qualcosa in modo errato, che me lo facciano sapere. Ma non datemi del bugiardo.

- MCP.

I media di tutto il mondo lodano Michael Collins Piper, ma i media americani controllati lo denigrano...

Nel marzo 2003, alla vigilia dell'invasione statunitense dell'Iraq, Michael Collins Piper, autore di *The New Jerusalem*, si trovava ad Abu Dhabi, la capitale degli Emirati Arabi Uniti (EAU), come ospite dell'illustre Zayed Centre for Coordination and Monitoring, il think tank ufficiale della Lega degli Stati Arabi. La conferenza di Piper, incentrata sulla parzialità dei media statunitensi a favore di Israele, ha ricevuto una copertura molto favorevole da parte della stampa araba e inglese del Medio Oriente (vedi sopra). Nell'agosto 2004, Piper si è recato a Kuala Lumpur, la capitale della Malesia, dove ha parlato a molti industriali, intellettuali, avvocati, giornalisti, diplomatici e altri, ricevendo una copertura mediatica locale altrettanto diretta e onesta (vedi sotto). Al contrario, Piper è stato ferocemente attaccato dai media mainstream statunitensi nel suo Paese. Ciò non sorprende, dal momento che Piper - critico dei media per il giornale indipendente *American Free Press* (AFP) - è un convinto sostenitore di misure volte a frenare la crescente concentrazione della proprietà dei media nelle mani di un ristretto numero di famiglie e di interessi finanziari.

UNA LETTERA DELL'AUTORE :

Caro lettore :

Sulla falsariga delle mie opere precedenti - GIUDIZIO FINALE e GLI ALTI PRETI DELLA GUERRA - questo ultimo volume, LA NUOVA GERUSALEMME, è un esame critico del potere sionista in America e delle sue conseguenze. Non è un argomento "piacevole" da trattare, tutt'altro

Se avessi scritto sull'influenza finanziaria dei musulmani in America, i miei sforzi sarebbero stati ampiamente pubblicizzati dai media e sarei stato considerato un genio della letteratura, intervistato da tutti i principali telegiornali e i miei libri recensiti da tutti i giornali del Paese. Purtroppo, a causa del tema che ho scelto di affrontare, non è affatto così.

Per questo è fondamentale che non solo gli americani di base e i media indipendenti, ma anche le persone riflessive di ogni razza e credo in tutto il mondo, diffondano ampiamente il mio lavoro e quello di altri scrittori che la pensano come me, attraverso il passaparola, gli appelli alla radio e così via.

Come ho già detto, il mio lavoro è considerato "radicale" e "controverso", ma non mi scuso per dire la verità. I miei detrattori dicono che dovrei e devo essere ignorata, che quello che ho da dire è assurdo e non importante, ma questi stessi detrattori passano una quantità sproporzionata di tempo a dire alle persone di non prestarmi attenzione e a chiamarmi per nome. Sento che devo fare qualcosa di giusto.

Mi sembra che sia giunto il momento di costituire un fronte mondiale unito contro il sionismo. Cosa ne pensate.

Cordiali saluti

MICHAEL COLLINS PIPER

Altri titoli

Omnia Veritas Ltd presenta:

Pierre-Antoine Cousteau
Lucien Rebatet
Dialogo tra gli "sconfitti"

"Se si smonta un po' il sistema, si trova sempre la vecchia legge della giungla, cioè il diritto del più forte".

La legge e la giustizia sono costrutti metafisici

OMNIA VERITAS LTD PRESENTA:

IMPERIUM

LA FILOSOFIA DELLA STORIA E POLITICA

DA

FRANCIS PARKER YOCKEY

La parola Europa cambia significato: d'ora in poi significherà Civiltà occidentale; l'unità organica che ha creato, come fasi della sua vita, le idee-nazione di Spagna, Italia, Francia, Inghilterra e Germania.

Questo libro è diverso da tutti gli altri

Omnia Veritas Ltd presenta:

NORIMBERGA
OSSIA LA TERRA PROMESSA

DA
MAURICE BARDÈCHE

Io non difendo la Germania: difendo la verità

Noi viviamo su un "falso" della storia

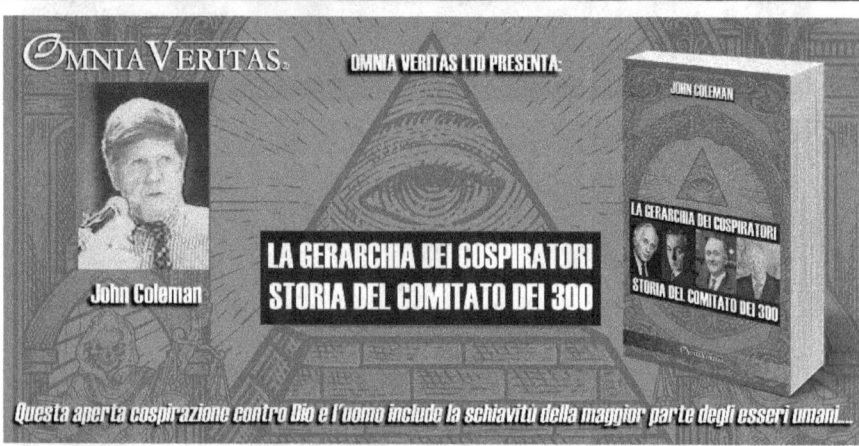

www.ingramcontent.com/pod-product-compliance
Lightning Source LLC
Chambersburg PA
CBHW050144170426
43197CB00011B/1954